역사와 문화로 보는 도시 이야기

전주

천천히읽는책_75

역사와 문화로 보는 도시 이야기 **전주**

글·사진 장은영

펴낸날 2024년 12월 24일 초판1쇄
펴낸이 김남호 | 펴낸곳 현북스
출판등록일 2010년 11월 11일 | 제313-2010-333호
주소 07207 서울시 영등포구 양평로 157, 투웨니퍼스트밸리 801호
전화 02) 3141-7277 | 팩스 02) 3141-7278
홈페이지 http://www.hyunbooks.co.kr | 인스타그램 hyunbooks
편집 전은남 | 책임편집 류성희 | 디자인 디.마인 | 마케팅 송유근 함지숙
ISBN 979-11-5741-428-4 73910

이 책은 전북특별자치도문화관광재단 지역문화예술육성지원사업의 지원으로 발간되었습니다.

⚠주의 종이에 베이거나 긁히지 않도록 조심하세요. 책 모서리가 날카로우니 던지거나 떨어뜨리지 마세요.

역사와 문화로 보는 도시 이야기

전주

글·사진 장은영

현 북스

역사의 도시, 멋과 맛의 도시, 전주를 만나요

여러분은 '전주' 하면 무엇이 떠오르나요?

아마도 맛깔스러운 '비빔밥'과 관광객으로 붐비는 '한옥마을' 그리고 볼거리와 읽을거리가 풍성한 전주의 도서관을 꼽지 않을까요?

사실 전주는 수많은 이야기를 품고 있는 멋진 도시입니다.

후백제의 수도였고, 조선왕조가 시작되었으며, 전라감영이 있었던 전주는 역사적으로 중요한 장소와 그에 얽힌 재미난 이야기가 아주 많습니다. 또 임진왜란 당시 유일하게 《조선왕조실록》을 지켰던 전주사고처럼 오직 전주만이 가지고 있는 자랑스러운 유적도 있지요.

또한 전주는 멋과 맛의 고장으로 잘 알려져 있습니다.

'음식' 하면 전주를 떠올릴 정도로 전주 음식은 맛 좋기로 유명하지요. 전주에서는 드넓은 호남평야에서 생산되는 질 좋은 쌀과 전주 인근에서 재배한 맛 좋은 채소와 과일 그리고 산에서 나오는 산채나 버섯을 재료로 음식을 만듭니다. 여기에 서해안에서 잡히는 싱싱한 물고기, 조개와 같은 풍성한 해산물을 더하니 맛이 좋을 수밖에 없겠지요.

이처럼 풍부한 물산이 모이는 전주에는 전국 어디에도 빠지지 않을 만큼 큰 시장이 열렸습니다. 시장 안 서포에서는 전주에서 펴낸 '완판본' 소설책을 팔았어요. 이 책들은 전국으로 팔려 나갈 정도로 아주 인기가 좋았지요. 시장이 활기를 띠자 경제적으로 여유가 생긴 백성들은 판소리와 같은 풍류를 즐기기도 했습니다.

저는 이 책에 전주의 조선 역사, 문화 그리고 핍박과 항쟁을 담았어요. 전주에 대해 아무것도 몰랐던 제가 지난 25년 동안 강연을 듣고, 책을 찾아 읽고, 전주 곳곳을 걸으며 배우고 생각한 것들이지요. 저는 전주를 알아 가면서 전주에 스며들어 더욱더 아끼고 사랑하게 되었어요. 이 책을 읽는 독자들 또한 저처럼 새롭고 재미있는 전주를 만났으면 좋겠습니다.

차례

제1부

전주에서 만난 조선의 역사

무사 이성계, 새 나라를 꿈꾸다

큰바람이 일어나니 구름이 휘날리네

천하에 위세를 떨치며 고향으로 돌아왔네

내 어찌 용맹한 인재를 얻어 사방을 지키지 않을쏘냐

이 글은 고려 장수였던 이성계가 전주 오목대에서 읊은 '대풍가(大風歌)'라는 시야. 승리의 기쁨과 함께 하늘을 찌를 듯한 자신감과 당당한 기세가 느껴지지? 그런데 용맹한 인재를 얻어 사방을 지키겠다는 건 새 나라를 열어 그 주

오목대 고려 우왕 6년, 남원 황산에서 왜구를 물리치고 개경으로 돌아가던 이성계는 전주 이씨 종친들과 함께 오목대에 올라 승전을 축하하는 잔치를 벌이며 '대풍가'를 읊었다고 해.

오목대 안에 걸려 있는 '대풍가' 현판 '대풍가'는 원래 중국 한나라 고조 유방이 지은 시로, 왕의 기상이 넘치는 시로 알려져 있어.

인이 되겠다는 뜻이니 사실 의심을 살 만한 말이잖아. 도대체 이성계는 왜 이런 시를 지었을까?

1380년 고려 우왕 6년, 이성계는 남원 황산에서 왜구를 맞아 싸웠어. 왜구들은 민가에 불을 지르고 닥치는 대로 재물을 빼앗았으며 사람을 해쳤지. 그들을 추격하던 수백 명의 고려 군사가 죽자 조정에서는 용맹한 이성계 장군을 보낸 거야.

　전투는 쉽지 않았어. 수만의 왜구를 몇천의 고려군이 막아야 했거든. 게다가 이성계 장군이 탄 말이 왜구의 화살에 맞아 쓰러지고, 장군도 다리에 화살을 맞았어. 하지만 이성계 장군은 적장 아지발도의 투구를 쏘아 죽음에 이르게 했지. 대장이 죽자 왜구들은 도망쳤지만, 고려군에 의해 대부분 죽임을 당했어.

　황산 전투는 국가적으로도, 이성계 개인에게도 큰 의미가 있어. 적장 아지발도는 그동안 고려군과의 싸움에서 승리하면서 고려 조정이 있는 개경으로 치고 올라가겠다고 할 정도로 기세가 등등했었어. 하지만 황산에서 크게 패한 뒤 왜구의 침입은 점점 줄어들었지.

　황산 전투에서 승리했다는 소식을 들은 고려 백성들은 이성계 장군을 열렬히 환영했어. 이미 홍건적과 여진족, 왜구를 물리쳤던 그의 이름은 더욱 높아졌고, 고려 조정에서의 지위도 탄탄해졌지.

　싸움이 끝난 뒤 개경으로 돌아가던 이성계는 전주에 들

렀어. 전주는 이성계의 고조할아버지인 목조 이안사가 살던 곳이거든. 이성계는 전주 이씨 종친들과 함께 오목대에 올라 승전을 축하하는 잔치를 벌였어. 그리고 바로 그 자리에서 '대풍가'를 읊은 거야.

원래 '대풍가'를 지은 사람은 중국 한나라 고조 유방이야. 항우와의 싸움에서 이겨 통일국가를 세운 유방은 회남왕을 물리치고 고향인 패에 들렀어. 친척과 친구들을 불러 잔치를 베풀고 악기를 연주하며, 왕의 기상이 넘치는 시 '대풍가'를 부른 거야.

이성계와 유방, 두 사람 모두 전쟁에서 이긴 후 고향에 들러 잔치를 벌였다는 공통점을 가지고 있어. 차이가 있다면 유방은 통일국가의 군주이고, 이성계는 고려의 장수라는 거지. 이성계가 '대풍가'를 읊었다는 건, 앞으로 새로운 나라를 세우겠다는 야망을 드러낸 셈이야. 이때부터 8년 뒤, 1388년에 이성계는 결국 위화도에서 고려로 말머리를 돌려 권력을 잡았어.

당시 종사관으로 황산대첩을 함께했던 고려의 충신 정몽주는 이성계의 '대풍가'를 듣고는 자리를 박차고 나왔어. 말을 달려 남고산성의 만경대에 올라 망해가는 고려를 걱정하는 우국 시를 지었지.

천길 바위머리 돌길로 돌고 돌아

홀로 다다르니 가슴 메는 근심이여

청산에 깊이 잠겨 맹세하던 부여국

누른 잎은 어지러이 백제성에 쌓였도다

구월의 소슬바람에 나그네의 시름이 짙은데

백년기상 호탕함이 서생을 그르쳤네

하늘가 해는 지고 뜬구름 덧없이 뒤섞이는데

하염없이 고개 들어 송도만 바라보네

"하늘가에 해지고 뜬구름 덧없이 뒤섞이는데" 하는 마지막 행은 임금이 힘을 잃고 나라가 기우는데, 간신배들이 뜬구름처럼 모여드는 현실을 한탄한 거야.

오목대에 얽힌 이성계와 정몽주의 이야기는 입에서 입으로 전해져 왔어. 역사적으로 사실인지 아닌지는 모르지만, 그 시대 사람들의 생각이 반영된 이야기가 살아서 지금까지 이어져 온 거지.

이성계가 들려주는 새로운 나라 조선을 세운 이유

고려의 장수였던 나는 수많은 전쟁터를 누볐지. 전쟁터에서 죽어 가는 우리 병사들을 보며 소중한 목숨을 잃어야 하는 게 화가 났어. 게다가 힘없는 백성들이 적들에게 재물을 빼앗기고, 살 집을 잃고, 죽임을 당하는 걸 참을 수가 없었단다.

그런데 백성들을 지키고 보살펴야 하는 고려의 권문세족들은 백성들에게서 토지를 빼앗고 그걸 밑천으로 왕실이나 원나라와 한통속이 되어 세력을 키워 나갔지. 백성들은 오직 땅을 하늘로 삼고 죽어라 일하지만, 바쳐야 할 세금이 많아 아이까지 팔더구나.

왜적이 쳐들어와도 자기 백성을 지키지 못하는 나라, 부패한 관리들이 제 잇속을 채우려고 백성을 쥐어짜는 나라를 나는 더 볼 수 없었어.

새로운 나라, 조선을 세우고 난 뒤 나는 즉위 교서를 통해 그동안 내가 가슴 속에 품어 온 생각을 온 세상에 알리기로 했어.

"하늘은 백성 가운데 군주를 세워 백성들을 편안하게 살게 했다. 왕이 나라를 잘 다스리면 백성들이 따르고, 그렇지 않으면 백성들의 마음이 떠나는 것이 이치이다. 이것이 바로 천명이다."

백성들의 마음이 떠나가 버려진 고려를 보며 나는 개혁을 서둘렀어. 먼저 사적으로 토지를 소유하지 못하게 막았지. 그 결과 국가 재정은 늘어났고, 그 돈을 풀어 백성의 살림살이를 챙기고 나라의 국방을 튼튼하게 만들었어.

공정한 절차를 거쳐 관리를 뽑고, 나랏돈을 사적으로 이용한 자를 강력하게 처벌하며 회계 출납을 엄격하게 했지. 백성들이 나라에 바쳐야 하는 호포를 줄여 주고, 홀아비, 과부, 고아, 노인들을 위한 복지도 더 늘렸어 .

나는 내가 세운 조선이 공정하고 어진 나라가 되기를 바랐단다. 백성들이 먹고살 걱정 없이 행복하게 사는 나라를 꿈꾸었지. 어느새 내가 조선을 세운 지 630여 년이 훌쩍 지났네. 또 다른 새로운 나라, 대한민국에 사는 너희들의 하루하루가 어떤지 궁금하구나.

태조 이성계 전승 기념 '오목대 잔치'

태조 이성계의 전승을 기념하는 '오목대 잔치'가 전주 한옥마을에서 열렸어. 이성계 장군이 황산에서 큰 승리를 거두고 전주 오목대에서 잔치를 벌였다는 역사적 사건을 재현한 거야.

경기전 앞에서는 배우들이 왜군 장수 아지발도가 화살에 맞아 쓰러지는 모습을 연기했어. 태조로에서는 이성계 장군이 임실 상이암에서 왕이 되라는 하늘의 계시를 받은 것과 진안 마이산에서 금척을 받는 장면을 연출했지. 오목대에서는 이성계 장군이 하늘에 승전을 고했고, 소리꾼이 '대풍가'를 불렀어. 마지막으로 참석한 사람들과 함께 음식을 나누며 성대한 잔치가 끝났단다.

전주 한옥마을에서 열린 오목대 잔치 이성계 장군이 황산에서 큰 승리를 거두고 전주 오목대에서 잔치를 벌였다는 역사적 사건을 재현한 거야.

오목대 잔치에서 승전을 고하는 모습 오목대에서 이성계 장군이 하늘에 승전을 고했고, 소리꾼들이 '대풍가'를 불렀어.

새 왕조가 일어난 경사스러운 터

전주는 조선을 세운 태조 이성계의 본향이야. '본향'이
란 본래의 고향 혹은 시조가 살았던 곳을 말해. 전주에는
이성계의 고조할아버지인 목조 이안사가 살았던 이목대가
있거든. 그곳에서 이안사가 어렸을 때 진법놀이를 했다고
전해지고 있어.

조선이 세워지고 난 뒤 나라에서는 조선 왕실의 고향이
며 조선왕조가 시작된 전주에 경기전을 세우고, 그곳에 태

경기전 조선이 세워지고 난 뒤 조선 왕실의 고향이며 조선왕조가 시작된 전주에 경기전을 세우고, 그곳에 태조 어진을 모셨어. '경기전'은 '새 왕조가 일어난 경사스러운 터'라는 뜻이야.

조 어진을 모셨어. '어진'은 왕의 초상화를 말해. '경기전'은 '새 왕조가 일어난 경사스러운 터'라는 뜻이야.

물론 어진을 전주에만 모신 건 아니야. 수도인 한양, 고구려 수도 평양, 신라의 수도 경주, 고려의 수도이며 태조가 살았던 개경, 태조가 태어난 영흥에도 어진을 두었지. 하지만 지금 남한에 남아 있는 건 전주 경기전에 있는 태조 어진뿐이란다.

이렇게 나라 곳곳에 어진을 모시는 진전을 둔 것은, 왕의 초상화를 모시고 제사를 지내는 행위를 통해 백성들의 마음이 하나가 되어 조선 왕실이 대대손손 이어지기를 바랐기 때문일 거야.

어진을 모신 경기전은 나라에서 특별하게 관리했어. 예를 들어 경기전 입구에는 하마비를 세웠지. 하마비는 궁궐이나 종묘 등의 문 앞에 세운 비석을 말해. 하마비에는 '이곳에서는 누구나 말에서 내려야 한다. 잡인들은 들어갈 수 없다'라는 글귀가 새겨져 있어. 하마비를 통해 경기전이 신

경기전 입구의 하마비 해태 두 마리가 떠받치고 있는데, 이 해태는 경기전을 지키는 수문장 역할을 하고 있어.

성한 장소라는 걸 알린 거야.

그런데 경기전 하마비는 평범한 비석 모양이 아니라, 해태 두 마리가 비석을 떠받치고 있는 모양이야. 해태는 사자처럼 생긴 상상의 동물로 이마에 뿔이 나 있는 게 특징이야. 왼쪽에 있는 해태가 수컷인데 입을 벌리고 발톱을 세우

고 있고, 오른쪽에 있는 암컷은 입을 다물고 발톱을 안으로 오므리고 있지. 이 두 마리의 해태는 경기전을 지키는 수문장의 역할도 하고 있단다.

경기전에는 청소하고, 화재를 예방하고 제사를 지내기 위해 청소를 하는 수복과 화재를 막는 금화군을 두었어. 정전 뜰 아래에는 불이 났을 때를 대비해서 양쪽에 물을 담아 두는 드무도 놓았지. 겨울에는 드무에 소금을 넣어서 얼지 않도록 했대.

어진은 왕과 똑같은 존재였어. 그중에서도 조선을 세운 태조 어진은 조선왕조를 상징한다고 할 수 있지.

어진을 모셔 가고 모셔 올 때는 임금님이 행차할 때처럼 특별한 가마인 '연'에 모시고 격식을 갖추었어. 조정의 관리들이 어진을 받들어 모셨고, 각 도를 지날 때마다 감사와 지방관들이 나와서 어진을 맞았단다.

◀경기전에 모셔진 태조 어진 조선을 세운 태조 이성계의 어진은 조선왕조를 상징한다고 할 수 있어. (사진·위키피디아)

어진이 불에 타면 왕과 백성들은 소복을 입고 사흘 동안 곡을 하고, 위로의 의미로 제사를 지냈어. 어진을 모신 진전 근처의 나무가 잘리거나 비나 눈이 많이 왔을 때도 마찬가지였지.

경기전에 있는 태조 어진은 보는 사람을 압도할 만큼 위엄이 있어. 익선관을 쓰고 청색 곤룡포를 입은 태조는 어깨가 넓고 당당한 체격이야. 눈과 입은 작지만, 귀는 아주 크지. 그런데 작은 눈에서 뿜어져 나오는 눈빛을 보면 기상이 살아 있고, 흔들리지 않는 자신감과 결단력을 느낄 수 있어.

화가 채용신이 들려주는 어진 그리는 비결

사람들은 나 채용신을 '우리나라 화가 중 초상화를 가장 많이 그린 화가', '한국 초상화의 기법을 완성한 화가', '전통 초상화를 그리는 방법에 서양의 입체적인 인물 기법을 합해 독창적인 초상화 그리는 법을 만든 화가'라고 부르지. 물론 그 모든 말들이 감사하지만, 나는 '어진을 그린 화가'라고 불러 주는 게 제일 좋단다.

1900년에 나는 어명을 받아 경운궁 흥덕전에서 태조 이성계의 어진을 그렸어. 고종과 순종께서 직접 오셔서 내가 붓질하는 모습을 지켜보았지. 많은 신하와 호위 군관들이 점점 완성되어 가는 태조의 용안을 보며 감탄하곤 했어. 그날은 내 화가 인생 중 가장 의미 있고 보람 있었던 날이었단다.

세월이 흐르고 난 뒤 나는 내 삶에서 가장 잊지 못할 순간을 그림으로 남기고 싶었어. 내 인생의 가장 찬란했던 순간, 어진을 그리던 그때를 떠올리며 고스란히 그림에 담았지. 지금도 그때의 감격이 잊히지 않는구나.

지금까지 내가 어떤 사람인지 이야기했으니, 이젠 너희들의 궁금증을 풀어 줘야겠다.

우리 전통 초상화를 그릴 때는 반드시 지켜야 할 원칙이 있어. 왕의 초상화인 어진 역시 그 원칙에서 벗어날 수 없지.

먼저 "터럭 한 올이라도 다르게 그리면 그 사람이 아니다"라는 거야. 초상화의 주인공 얼굴에 있는 점이나 사마귀, 흉터 자국까지도 있는 그대로 그려야 한다는 거지.

너희들 중에는 "아니, 초상화인데 기왕이면 예쁘게 그리는 게 좋지, 숨기고 싶은 것까지 그려야 하나?" 하는 볼멘소리를 하는 사람이 있을 거야. 하지만 옛사람들은 '있는 그대로 정직하게 그 사람의 얼굴을 그려야 한다'는 생각을 했던 거지. 태조 어진 역시 눈썹 위에 있는 사마귀를 그대로 그렸단다.

또 다른 원칙은 "인물의 정신까지 그려야 한다"는 거야.

어진을 그리는 모습 화가 채용신(1850~1941년)의 《평생도》 5번째 폭에 그려진 그림으로, 고종의 어진을 그리는 모습이 담겨 있어. (사진·국립전주박물관)

고종 어진 화가 채용신이 그린 고종의 초상
화야. (사진·위키피디아)

이걸 '전신사조'라고 하는데, 아무리 겉모습이 똑같다고
해도 그 사람의 마음이나 생각까지 담아야 진짜 초상화다
이거지. 보이지 않는 정신을 그리기 위해 화가는 화폭에 담
을 사람과 함께 시간을 보내고 몰래 관찰하기도 했어. 그
래도 얼굴에서 뿜어져 나오는 정신을 그릴 수 없으면 초상
화 그리는 걸 포기하고 말았지. 이제부터는 초상화를 볼

때 겉모습만 보지 말고 어떤 마음과 생각을 가진 사람인지도 살펴보면 좋겠지?

이번에는 전통 초상화를 그릴 때 사용하는 비법을 알려줄까? 보통 그림을 그릴 때는 앞면에만 그리잖아. 그런데 우리 초상화는 뒷면에도 똑같이 색을 칠했어. 이걸 '배채법'이라고 해. "비싼 물감 낭비다", "괜한 고생을 사서 한다", 뭐 이런 말이 나올 수도 있겠지만 다 그럴 만한 이유가 있단다.

우리 초상화는 주로 종이나 비단에 그리거든. 그런데 오랜 시간이 흐르면 그림이나 글씨가 긁히거나 깎여서 떨어지기도 하지. 하지만 뒷면까지 색을 칠하면 오랜 시간이 흘러도 그림을 잘 보존할 수 있어. 게다가 뒷면에 색칠하면 색이 앞면까지 비춰서 은은하게 보이지. 그래서 얼굴을 배채법으로 칠하면 훨씬 또렷하면서도 부드럽게 느껴진단다.

'태조 어진 봉안 의례' 재현

1688년, 숙종 때 경기전에 있는 태조 어진을 서울로 모셔 갔다가 다시 전주로 모셔 온 적이 있었어. 태조 어진을 본떠서 새로 그리기 위해서였지. 전주에서는 당시 상황을 그대로 재현하는 '태조 어진 봉안 의례'를 진행하고 있어. 어진은 왕과 똑같다고 생각했기에 그 절차가 엄격하고 까다로웠지. 어진을 옮겨 가거나 옮겨 올 때 사용하는 가마, 신연에는 금색으로 용무늬를 그렸고, 가마꾼 10명 이상이 맨단다.

봉안 의례는 출발을 알리는 '진발', 경기전 정문에서 어진을 옮겨 모시는 '이안', 경기전 정전에서 태조 어진 봉안을 잘 마쳤음을 알리는 '고유제' 순으로 이루어져 있어.

전주가 조선왕조의 본향임을 드러내는 어진은 국보로 승격될 정도로 소중한 유산이란다.

'태조 어진 봉안 의례'의 이안 이안은 경기전 정문에서 태조 어진을 옮겨 모시는 의례야.

'태조 어진 봉안 의례'의 고유제 고유제는 경기전 정전에서 태조 어진 봉안을 잘 마쳤음을 알리는 의례야.

왕을 대신해 전라도를 다스리던 곳

조선은 전국을 8도로 나눴어. 그중에 전라도는 지금의 전라남북도와 제주도까지 포함했는데, '전주'와 '나주'의 앞 글자를 따서 전라도라고 불렀지.

전라도를 다스렸던 사람은 전라감사야. 감사는 관찰사라고도 하는데, 왕을 대신해서 자신이 맡은 지역을 통치했지. 왕은 전라감사에게 벼슬을 내릴 때 어려워진 호남을 살피고 백성을 구하라는 어명을 내렸어.

전라감영 정문 전라감영은 전라감사가 왕을 대신해 전라도 지역을 다스리는 업무를 보던 곳이야. (사진·위키피디아)

전라감영의 선화당과 관풍각 선화당(왼쪽)은 전라감사의 집무실이고, 관풍각(오른쪽)은 사무를 보거나 쉬기도 하고, 가끔 연회도 여는 곳이야.

전라감사는 전주에 있는 전라감영에서 업무를 처리했어. 감영에는 전라감사의 집무실인 선화당과 사무를 보거나, 쉬기도 하고, 때로는 연회를 베풀기도 하던 관풍각이 있었지.

이 밖에도 전라감영 안에는 종이를 만드는 조지소와 부채를 만드는 선자청, 책을 만드는 인출방과 같은 기관들도 있었어. 특히 전주 부채는 품질이 뛰어나서 진상품으로 선

선화당 안에서 전라감사가 앉아서 정무를 보던 곳 전라감사는 전라도 지역에서
왕을 대신해 행정, 사법, 군정에 관한 최고 지휘권을 행사했어.

정되었지. 왕실과 조정에서는 매월 단옷날(음력 5월 5일)에
관원들에게 부채를 나누어 주었다고 해.

　전라감사가 했던 일은 많았어. 조선은 지금처럼 행정, 입
법, 사법기관이 독립되어 있지 않았기 때문에, 감사가 행
정, 사법, 군정에 관한 최고 지휘권을 행사했지. 전라도 각
지역 수령의 근무성적을 평가한 포폄 장계를 일 년에 두 번
씩 왕에게 올렸고, 백성들 사이에서 벌어지는 사건의 시시

비비를 가리고 합당한 처벌을 내렸어.

지금 우리나라에서는 한 사건에 대해 세 단계의 법원에서 재판받을 수 있는 '삼심제도'를 운영하고 있어. 조선시대에도 살인사건이 일어나면 세 번 이상의 조사를 하는 '삼복제도'가 있었단다. 살인사건의 범인은 대부분 사형을 당하는데, 행여 억울하게 죽임을 당하는 일을 막으려는 의도였지.

'초복'은 이웃 수령과 함께 조사하여 형조에 보고하는 것이고, '재복'은 형조에서 다시 조사하는 거야. 마지막 '삼복'은 왕이 대신과 함께 논의하는 걸 말해. 이런 과정을 거쳐 결정된 판결문은 '뎨김'이라고 불렀어.

전라감사는 자신이 다스리던 고을을 돌아다니며 농사가 잘되었는지 살피고, 백성들의 형편은 어떤지 확인했어. 이 것을 '순행'이라고 하는데, 백성이 무엇 때문에 힘든지 알아보고 그 해결책을 찾아 나선 거지. 백성의 현실을 꼼꼼히 살펴 살림살이가 나아지게 하고, 억울한 일을 당하는 백성이 없게 하려고 말이야.

전라감사 서유구가 들려주는 전라감사가 하는 일

1833년 4월에 나 서유구는 전라감사가 되어 전주로 갔지. 나는 이듬해 1834년 12월 30일 임무를 마칠 때까지 21개월 동안 했던 일들을 기록했어. 전라도와 제주도를 포함한 56개의 수령과 각 군영, 진영장들을 관리하고, 전라도에서 벌어진 일들을 왕께 보고한 공문서를 필사하여 엮은 거야. 그게 바로 《완영일록》이란다.

전라감사인 나는 매달 1일과 15일에 객사에서 망궐례를 지냈어. 망궐례는 궁궐에 나아가 직접 왕을 뵙지 못하니까 나무에 '궐'자를 새긴 패를 만들어 객사에 모시고 예를 올리는 거야. 임금을 공경하고 충성을 다한다는 의미로 정성을 다하는 거지. 왕과 왕비가 태어나신 날에도 마찬가지였어.

또 8월 15일에는 조경묘와 경기전에서 왕실의 안녕과 왕과 왕비, 세자의 만수무강을 빌면서 제를 지냈지.

서유구(왼쪽)와 《완영일록》(오른쪽) 서유구(1764~1845년)는 전라감사를 지낸 뒤 《완영일록》을 썼는데, 전라도에서 벌어진 일들을 왕께 보고한 공문서를 모아 엮은 것이야. (사진·위키피디아)

농업국가인 조선에서는 농사가 최고로 중요하거든. 수시로 농사 상태가 어떤지 임금에게 보고하고, 날씨로 인해 작물 피해가 어떤지도 장계를 올려야 했어.

나는 순행을 떠나 논, 밭에 심은 작물의 상태를 직접 눈으로 확인하고 백성들에게도 물었지. 흉년으로 고통스러워하는 백성들을 위로하고 먹을 걸 주고 돌보았어. 오랫동안 가뭄이 들면 기우제를 지내고 백성들의 현실을 그대로 보고하여 세금을 감해야 한다는 상소를 올리기도 했지.

풍랑에 세곡선이 부서져 세금으로 거둔 쌀이 바다에 가라앉으면 서둘러 바닷속에서 쌀을 건지게 한단다. 하지만 시간이 흐르면 쌀이 썩고 문드러지는 안타까운 일이 생기고 말지.

관할 수령과 관료들의 업무 능력을 평가하여 상, 중, 하로 인사 고과를 주어 포폄 장계를 올리고, 각 고을에서 올라온 각종 사안에 대해 답을 내리고 살인사건에 대한 판결, 즉 뎨김을 하는 것도 중요한 일이야.

때로는 표류해 온 왜인들의 배 상태라든가, 어디로 가려고 했는지, 목적이 무엇인지를 조사하게 하고, 사실인지 아닌지를 판단하여 장계를 올리지.

이처럼 감사가 해야 하는 일은 아주 많단다. 하지만 백성과 함께 울고 웃는 마음으로 최선을 다하면 백성들의 얼굴에 웃음이 피고 살림살이가 넉넉해질 거라 생각하면 힘든 것쯤은 아무것도 아니야.

'전라감사 교귀식' 재현

전라감영에서 새로 부임한 전라감사와 전주를 떠나는 전라감
사가 업무를 인수, 인계하는 '전라감사 교귀식'을 재현했어. 나팔
과 태평소 등을 든 취타대가 풍악을 울리며 앞장서고 그 뒤를 두

전라감사 교귀식 전라감영에서 새로 부임한 전라감사와 전주를 떠나는 전임 감사
가 만나 업무를 인수, 인계하는 교귀식 행사를 재현한 거야.

감사가 행차했지.

교귀식에서 가장 핵심적인 일은 왕이 내린 문서, 즉 교서를 확인하고, 감사의 관인과 군사 지휘권인 병부를 주고받는 거거든. 교귀식이란 명칭은 감사 관인에 새겨진 거북이 때문이야. 한자로 거북 '귀(龜)'자를 써서 교귀식이라고 부른 거지.

조선시대에는 신·구 감사가 도의 경계에서 만나 의식을 치렀는데, 전라도에서는 여산 황화정에서 진행했어.

지방을 다스리는 수령이 정무를 보던 곳

조선시대에 수령, 사또, 원님이라 부르던 지방관을 '목민 관'이라고 했어. 왕을 대신해서 백성을 다스리고 기른다는 뜻이지. 명을 받아 백성을 다스리는 신하가 정치를 잘못하면 그 허물이 고스란히 왕에게 돌아오잖아. 그래서 왕은 근무지로 떠나기 전에, 인사하러 온 신하에게 선정을 베풀라고 당부했어. 그리고 지방관이 반드시 해야 하는 임무가 무엇인지 물었지.

전주동헌의 풍락헌 풍락헌은 전주 부를 다스리는 전주부윤이 정무를 보던 곳으로, 일제강점기에 일본이 강제로 뜯어서 팔았는데 뜻있는 유학자 한 분이 사서 제각으로 사용하던 것을 지금의 자리로 옮겨 다시 세운 거야.

왕의 질문에 대답하는 일은 아주 중요했어. 백성을 다스리는 기본적인 규칙이라 마음에 깊이 새겨 잊지 말아야 했거든. 그런데 이 질문에 바로 대답하지 못해서 관직에서 밀려난 사람도 있어. 결국 그 자리엔 다른 사람이 가게 되었지.

왕이 물었던 것, 즉 조선시대 수령이 백성을 다스릴 때 힘써 지켜야 하는 일곱 가지를 '수령칠사'라고 해. '수령칠사'는 농업과 잠업을 일으키고, 호적상 가구 숫자를 늘리고, 학교를 일으키고, 군사 관련 행정을 엄격하고 바르게 하고, 세금을 공평하게, 소송은 빠르게 처리하며 백성의 교활하고 간사한 버릇을 그치게 하는 것을 말해.

감사는 수령칠사를 기준으로 삼아, 지방관에 대한 근무 성적을 상중하로 나눠 점수를 주었어. 그게 '포폄'인데, 성적에 따라 승진도 하고 파면을 당하기도 했지.

전라감영에 속한 군, 현 중 전주는 전라도의 유일한 부였어. 전주부윤 역시 수령칠사에 따라 백성을 다스렸어.

　전주 부를 다스리는 전주부윤은 '풍락헌'이라는 동헌 건물에서 정무를 보았지. 그런데 일제강점기에 일본은 풍락헌을 강제로 뜯어서 팔았어. 다행히 뜻있는 유학자 한 분이 사서 문중에서 제사 지내기 위해 무덤 옆에 마련한 제각으로 사용해 살아남을 수 있었지. 그 후 지금의 자리로 옮겨 다시 세웠어.

전주부윤 이윤경이 들려주는 왜구를 물리친 이야기

나 이윤경이 전주부윤으로 온 지 1년이 지난 1555년에 왜구가 전라도에 쳐들어왔어. 그 이전에도 크고 작은 약탈과 노략질이 있었지만, 이번엔 70여 척이 넘는 배를 몰고 나타날 정도로 규모가 컸지. 적들은 영암, 장흥, 강진, 진도를 공격해 백성들의 집을 태우고 닥치는 대로 사람을 죽였어. 나는 전주에서 군사를 이끌고 영암으로 갔지.

적들은 포로를 앞세우고 성 밑으로 와서 겁을 주기도 하고, 밤중에 성을 에워싸고 온갖 소리를 내며 위협을 했어. 그때마다 병사들과 백성들은 겁에 질려 떠는 게 보일 정도였지. 나는 두려워하는 병사들을 격려했고, 밤에는 촛불을 켜고 홀로 대청마루에 앉아 "헛되이 움직이지 말라"며 흔들리지 않았어.

'성문을 열고 밖으로 나가 적을 맞으라'는 명령이 왔다는 소문을 들은 성안 백성들이 모두 짐을 꾸려 도망치려고 한 적도 있었지. 나는 "전령이 오거든 활로 쏘라"는 말로

민심을 수습했어.

하지만 적들의 기세는 더욱 높아만 갔고, 그런 적을 물리치려면 특별한 계책이 필요하다는 생각이 들었어. 사실 영암으로 오기 전에 계획해 둔 전략이 있었거든.

전투에 임하기 전에 나는 특별한 군대를 불렀어. 그들은 전주에서 온 광대들이야. 나는 울긋불긋한 옷을 입고, 꽹과리, 장구를 든 광대에게 재주를 부리며 향교까지 가라고 명령했어. 적들은 악기를 연주하고, 뛰고, 재주를 넘는 광대를 보면서 눈을 휘둥그레 떴어. 싸움하는 것도 잊고, 넋을 잃고 쳐다보았지. 그러다 미리 뿌려 놓은 쇠뇌와 마름쇠에 걸려 넘어지고 깨졌어.

약속한 대로 향교에 도착한 광대들이 줄을 타고, 탈춤을 추고 상모를 돌리며 재주를 부리자 적들은 서로 가까이에서 구경하겠다고 다투는 거야. 그때 우리 병사들이 갑자기 나타나 적들을 모조리 사로잡았어.

어때? 병사들과 한마음이 되어 왜구를 사로잡은 광대 이야기, 멋지지 않니?

'1593년 전주별시' 재현 행사

임진왜란이 일어나고 나라가 어려워지자 다음 해인 1593년 선

조는 세자였던 광해군을 전주로 내려보내 과거시험을 실시하게

유가 행렬의 모습 김홍도의 그렸다고 전하는 《평생도》에 있는 유가 행렬 모습
이야. (사진·국립중앙박물관)

했어. 전쟁 중에 나라를 구할 인재가 꼭 필요했거든.

전주에서는 해마다 이때의 과거시험을 재현하는 '1593년 전주 별시'를 열고 있어. 한시 백일장, 활쏘기, 글짓기 등으로 나누어 실력을 겨루지.

과거시험이 끝나면 과거 급제한 사람들의 시상식인 '방방례'를 하고 급제한 사람들이 머리에 어사화를 쓰고 급제를 알리는 축하 행렬인 '유가 행렬'도 해. 전통문화연수원에서 출발한 급제자들은 향교길과 은행로, 태조로를 거쳐 경기전까지 걸어오지. 그리고 경기전의 어진 앞에서 과거 급제를 알리고 감사 인사를 전하는 '사은숙배'를 한단다.

조선시대 공적인 일로 온 손님이 묵던 숙소

'풍패지관'(객사)은 고려, 조선시대에 외국 사신이나 다른 곳에서 온 벼슬아치를 대접하고 묵게 하던 숙소야. 요즘으로 말하면 관사 같은 거지. 조정의 칙사는 객사에서 자면서 교지를 전했고, 이곳으로 부임한 관리는 객사에 와서 절을 올렸어. 조선시대에는 객사 안에 '궐'이라고 쓰인 위패를 모시고 매월 초하루와 보름에 궁궐을 향해 예를 올렸지.

전주의 '풍패지관' 조선시대 외국 사신이나 공적인 일로 온 관리를 대접하고 묵게 하던 숙소로, 새로운 왕조를 연 왕의 고향이라는 뜻이 담긴 '풍패'라는 이름을 붙인 것이야.

그런데 전주는 다른 곳과 다르게 객사를 '풍패지관'이라고 불러. 풍패는 한나라를 세운 유방의 고향이거든. 그래서 새로운 왕조를 일으킨 왕의 고향을 풍패라고 했어. 전주는 조선을 세운 태조 이성계의 본향이니 전주객사를 전주 풍패지관이라 부른 거지.

건물 앞에 걸려 있는 풍패지관이라는 글씨는 중국 사신 주지번이 익산에 사는 선비 송영구를 찾아가던 중에 이곳에 들러 쓴 글씨야.

주지번이 들려주는 보은의 의미를 담은 글씨

나는 중국 명나라의 정치가인 주지번이야. 1606년에 사신단의 정사가 되어 조선에 왔어. 그동안 조선에 오고 싶어서 애쓴 걸 생각하니 한없이 기쁘고 뿌듯했지.

내가 이렇게 조선에 오려고 힘쓴 것은, 큰 은혜 베풀어 준 은인을 만나기 위해서야. 그분이 바로 표옹 송영구 선생님이셔.

송영구 선생님은 1593년에 명나라 황제 생일 축하사절단 서장관으로 명나라에 오셨지. 우리는 북경에 있는 숙소에서 만났어. 그때 나는 과거에 여러 번 떨어지고 객사에서 일꾼으로 일하고 있었지.

그날도 나는 부엌에서 아궁이에 불을 때고 있었어. 《장자》의 '남화경'을 중얼거리면서 말이야. 머릿속에 온통 과거 생각뿐이었거든. 지나가다 나를 보신 송영구 선생님이 무슨 사연인지 물었어. 나는 시골에서 과거를 보러 왔다가

주지번이 쓴 '풍패지관' 현판 글씨 중국 명나라의 정치가 주지번이 사신으로 조선에 왔다가 은인 송영구 선생님을 만나러 가는 길에 전주객사에 들러 썼다고 해.

계속 떨어졌고 가져온 돈이 바닥나서 일하며 공부하고 있다고 말씀드렸지.

송영구 선생님은 과거시험 답안지를 어떻게 썼는지 묻고는 그대로 써 보라고 했어. 내 답안지를 본 선생님은 잘못된 것을 고쳐 주면서 답안지 쓰는 방법을 가르쳐 주었지. 그러고는 필요한 책과 돈을 주면서 꼭 장원급제하라고 용기를 주었어.

그날부터 나는 송영구 선생님을 스승이라 생각하며 죽어라 공부했고 드디어 2년 뒤에 장원급제했어.

조선에 도착하자마자 나는 송영구 선생님을 찾았어. 그런데 선생님은 익산 왕궁으로 낙향해서 지내신다는 거야. 공무가 끝나자 나는 송영구 선생님을 뵈러 길을 떠났지. 가는 길에 전주객사에 들어 '풍패지관'이라는 글을 쓴 거란다.

'풍패지관 망궐례' 재현

전주에서는 조선시대에 행해졌던 전통 의식 중 '풍패지관 망궐례' 행사를 재현했어.

풍패지관 망궐례 '망궐례'는 각 지방의 수령들이, 임금과 궁궐의 상징인 나무에 '궐(闕)'자를 새긴 패를 만들어서 각 고을 관아의 객사에 봉안하고, 매월 초하루와 보름에 예를 올린 걸 말해.

'망궐례'는 각 지방의 수령들이, 임금과 궁궐의 상징인 나무에 '궐(闕)'자를 새긴 패(牌)를 만들어서 각 고을 관아의 객사에 봉안하고, 매월 초하루와 보름에 예를 올린 걸 말해. 임금에 대한 공경과 충성심을 그렇게 표현한 거지.

또 왕과 왕비의 생일, 설, 단오, 한식, 추석, 동지 등 명절에 왕과 왕비의 만수무강을 비는 예를 올리기도 했어.

유교를 실현하기 위한 학교

조선을 세운 태조 이성계는 "학교는 풍화의 근원이다"라고 말했어. '풍화'는 풍속과 교화를 말하는데, 교육을 통해 백성들이 올바른 생활 습관을 갖게 하고 좋은 방향으로 나아가게 하겠다는 거야. 유교의 나라였던 조선은 유교적 소양을 갖춘 인재를 양성하기 위해 '1읍 1교'의 원칙을 세우고 각 지방에 향교를 세웠어. 향교가 각 지방의 풍화를 위한 교육기관이 된 거지.

전주향교의 대성전 조선시대의 교육기관인 향교는 교육을 통해 인재를 기르고 과거시험을 준비해서 관리를 배출하는 것, 그리고 공자와 같은 성현들에게 제사를 올리는 목적을 가지고 있었어.

조선시대에 수령이 백성을 다스릴 때 힘써야 할 일곱 가지 중에 학교를 일으키는 '학교 흥'이 있어. 감사가 수령의 성적을 매기는 포폄에도 인재를 잘 길러 냈는지, 그 수가 얼마인지를 헤아려 반영했지.

오늘날 국공립 중고등학교와 같았던 향교는 크게 두 가지 목적이 있었어. 교육을 통해 인재를 기르고 과거시험을 준비해서 관리를 배출하는 것, 공자와 같은 성현들에게 제사를 올리는 것이었지. 그 밖에도 사대부들이 서로 친분을 나누며 그 지역의 문화를 꽃피우는 역할도 했어.

전주향교도 제사와 교육을 위한 공간을 두었지. 공자와 다른 성현들의 위패를 모신 '대성전', 향교에서 모시기로 한 위패를 두었던 '동무'와 '서무'가 있었어.

전주향교 대성전에는 공자를 비롯한 오성과 한국 18현의 위패가 모셔져 있어. 교육을 위해서는 교생들이 강의를 듣고 공부하는 '명륜당'과 기숙사인 '동재'와 '서재'를 두었지.

제사를 지내는 대성전이 명륜당보다 앞에 배치된 전주향

전주향교 안에 있는 명륜당 교생들이 강의를 듣고 공부를 하는 곳이야.

교는 건물의 배치와 구성이 한양에 있던 성균관과 같았어. 지방에 있는 향교인데도 그 규모가 매우 커서 '수도향교'라고 불렀대.

국가에서는 향교에 향교전과 노비를 주었어. 나라에서 향교에 내린 땅인 '향교전'은 석전제와 삭망제와 같은 제사를 위한 '위전'과 교생 교육을 하는 데 쓰는 '늠전'으로 구분할 수 있지.

전주향교 안에 있는 '장판각' 책을 찍는 목판을 보관하던 곳으로, 전라감사 조한국이 전라감영에 있던 책판을 모아 이곳에 보관하도록 했대.

　해방 이후 전주에 대학이 없자 뜻있는 사람들이 대학교육이 필요하다고 생각했어. 전주향교에서는 초급대학인 명륜대학을 설립했고 후에 전북대학교로 발전했지.

　전주향교에는 책을 보관하는 '장판각'이 있어. 전라감사 조한국이 전라감영에 있는 책판을 모아 전주향교에 보관하도록 한 거야. 지금은 전북대학교 박물관에서 책판을 관리하고 있지.

전주향교 교생이 알려 주는 향교에서 배우고 익히는 것

나는 전주향교에서 교육을 받는 교생이야. 매일 아침 책을 들고 마당에 있는 은행나무를 지나 명륜당으로 갈 때면 내가 이곳에 있는 게 꿈이 아닐까 싶을 정도야. 이곳에 오기까지 많은 일이 있었거든.

어릴 때부터 나는 호기심이 많은 아이였어. 알고 싶은 게 많았지만 눈뜨면 일하러 나갔다가 캄캄해져서야 돌아오는 부모님은 아무런 도움도 주지 못했지. 가난한 양인 자식인 나는 할 수 있는 게 아무것도 없었어.

하루는 길을 가다가 아이들이 글 읽는 소리를 들었어. 나는 홀린 듯이 안으로 걸어갔지. 구석에 숨어서 훈장님의 가르침을 들었어. 비로소 숨통이 트이는 느낌이었지. 그날 이후 틈이 날 때마다 서당에 갔고, 몰래몰래 공부했어.

그러다 오줌 누러 가던 아이한테 걸려서 훈장님 앞으로 끌려갔지. 그런데 훈장님은 나를 야단치기는커녕 책을 주면서 앞으로도 서당에 오라는 거야. 한 달에 두 번은 산에서 나무를 해 와야 한다는 조건이었지. 나는 한 번도 빠지지 않고 나무를 해 드렸고 공부도 열심히 했어.

시간이 지날수록 나는 더 공부에 목이 말랐어. 그런데 아이들이 하나둘씩 서당을 그만두는 거 있지? 가만 보니 전주향교로 가는 거야. 나도 가고 싶었지만, 향교에 들어가는 건 쉽지 않아. 입학할 교생 수가 정해져 있어 힘 있는 집안이 아니면 안 되거든. 아무리 간절해도 어쩔 수 없는 일이라고 포기하려는데, 명문가의 아들인 친구가 자기 아버지께 간청해서 정원외 교생으로 향교에 올 수 있었지.

내 꿈은 참된 선비가 되는 거야. 내가 생각하는 선비는 마음과 몸을 바르게 닦아 사람의 도리가 무엇인지 아는 것, 그리고 그걸 실천하며 사는 사람이야. 나는 이곳 향교에서 인간의 길, 공부의 길이 무엇인지 탐구해 보려고 해. 그리고 언젠가는 성균관에 가서 공부하고 싶어. 성균관에서 300일을 공부하면 대과를 볼 수 있고, 벼슬아치로 나갈

수 있지. 물론 벼슬길에 올라 우리 가문을 일으키면 고생
하시는 부모님께 효도하고 우리 가문을 빛내는 일이긴 해.
하지만 나는 성균관에서 깊이 있는 학문을 하고 싶은 게
더 커.

성균관에 가려면 먼저 소과에 급제를 해야 하거든. 교생
은 향교에서 교육을 받으면서 소과에 응시할 수 있어.

'생원진사시'라고 부르는 소과는 '사서오경'을 암송하
는 명경과에 합격하면 생원이 되고, 시, 송, 시무책 등을 써
내는 제술과에 합격하면 진사가 될 수 있지. 생원과 진사
는 성균관에 입학할 자격증인 셈이야.

오늘은 전주향교에 모신 공자님과 훌륭하신 옛 스승에
게 제사를 지내는 석전대제가 열리는 날이야. 문묘제례악
을 연주하고 정성스럽게 준비한 술과 음식을 올리지. 나 역
시 그분들의 학문과 사상을 소중하게 생각하고 부지런히
익히겠노라고 다짐하며 오늘 하루를 보낼 생각이야.

'인의예지와 함께하는 전주향교'

전주향교에서는 '인의예지와 함께하는 전주향교' 프로그램을 운영하고 있어. 우리 조상들의 삶을 통해 지금 우리에게 꼭 필요한 지혜와 인성을 배울 수 있지. 그리고 전통문화를 배우고 익혀

인의예지와 함께하는 전주향교 우리 조상들의 삶을 통해 지금 우리에게 꼭 필요한 지혜와 인성을 배울 수 있는 프로그램이야.

즐겁게 생활하고, 그 전통을 후대가 이어 가도록 도울 수 있어.

　주요 내용은 '시방까지 어리광인가'(관례 및 계례, 문화공연, 인문학 강의), '예로써 만나다'(제의례, 가정의례, 문화유산 탐방), '진짜배기 선비놀이'(유생체험, 전통 혼례), '삼강오륜 옆에서'(생활 예절, 다례 체험, 한옥마을 탐방) 등이야.

임진왜란 불길 속에서 지켜 낸 우리 역사

《조선왕조실록》은 조선왕조의 왕들이 임금의 자리에 있는 동안 일어난 사실을 적은 기록을 말해. 전주에는 《조선왕조실록》을 보관하던 '사고(史庫)'가 있었어.

세종 임금은 태조, 정종, 태종의 실록을 한양의 춘추관과 충주 사고에 모시게 했는데, 혹시 모를 사고를 대비해 전주와 성주에도 실록을 두었지.

그런데 걱정하던 일이 일어나고 말았어. 1592년 임진년

전주 경기전에 있는 전주 사고의 '실록각' 전주 사고는 1439년 세종 21년에 전주에
설치했는데, 실록각은 《조선왕조실록》을 보관하던 건물이야.

조선왕조실록 《조선왕조실록》은 조선왕조의 왕들이 임금의 자리에 있는 동안 일어난 사실을 적은 기록을 말해. (사진·국립중앙박물관)

추관에 있는 실록이 불에 타 잿더미가 되고 말았어. 다행히 전주의 실록이 살아남았는데, 그것은 태인의 선비 안의와 손홍록을 비롯한 여러 사람의 노력 덕분이었지.

전쟁이 일어나 실록이 위험하다는 것을 안 안의와 손홍록은 집안의 재산을 팔아 말을 마련한 뒤, 사람들을 데리고 전주로 달려갔어. 경기전의 참봉 오희길과 실록을 지킬 방법을 의논하다가 내장산으로 옮기기로 했지. 안의와 손홍록은 실록을 60여 개의 궤짝에 넣어 말에 싣고 내장산으로 갔어.

실록을 내장산으로 옮긴 뒤에도 안의와 손홍록은 불침번을 서 가며 실록을 지켰어. 물론 그들과 함께 온 사람들, 참봉 오희길, 그리고 내장사의 승려들과 의병들이 힘을 모았지.

만약 전주의 실록마저 사라졌다면 어떻게 되었을까? 우리는 조선 전기의 역사를 지금처럼 세세하게 알 수 없었을 거야. 그러니 전주의 실록을 지킨 사람들은 우리 역사를 지킨 사람들이라고 말할 수 있겠지?

실록을 지킨 사람들의 이야기는 후손들에게 큰 감동을 주었어. 그래서 문화재청에서는 안의와 손홍록이 실록을 내장산으로 옮기기 위해 출발한 6월 22일을 '문화재지킴이의 날'로 정하고 기념하고 있단다.

안의와 손홍록이 들려주는 《조선왕조실록》 피난 이야기

임진왜란이 일어났을 때 우리는 태인에 살고 있었어. 부산에 왜군이 쳐들어왔다는 소식이 들리더니, 충주와 성주까지 적들의 손에 넘어갔다는 거야.

그 말을 듣는 순간 《조선왕조실록》이 걱정되었어. 그곳에는 실록을 보관하는 사고가 있었거든. 적들이 실록을 가만두지 않을 게 뻔했으니까. 한양의 춘추관에 있는 실록마저 사라진다면 남는 것은 전주에 있는 실록뿐이니, 하루라도 빨리 안전한 곳으로 옮겨야 한다고 생각했어.

우리는 서둘러 재산을 정리하고 실록을 옮기는 데 필요한 말을 구했지. 그리고 사람들을 모아 전주로 달려갔어. 우리는 경기전 참봉 오희길과 함께 실록을 구할 방법을 찾았지.

처음엔 실록을 땅에 묻으려고 했어. 그런데 금산에서 붙잡힌 왜적이 성주 사고에서 훔친 실록을 가지고 있다는 거

내장산 용굴암 임진왜란 때 안의와 손홍록이 전주 사고에 있었던 《조선왕조실록》을 옮겨 안전하도록 숨겼던 곳이야.

야. 성주사람들이 땅에 묻은 실록을 왜적들이 파낸 거지.

결국 왜군이 쳐들어오기 전에 실록을 안전한 곳으로 옮기자고 결정했어. 그곳이 바로 내장산이었지.

우리는 수십 마리의 말에 실록이 든 상자를 싣고 내장산으로 향했지. 내장산에 도착한 후에도 행여 적들에게 들킬까 봐 실록을 더 깊고 험한 곳으로 옮기기도 했어. 다행히 우리는 적들에게서 실록을 지킬 수 있었지.

전주 사고에서 '《조선왕조실록》 포쇄' 재현

전주 경기전에 있는 전주 사고에서 '《조선왕조실록》 포쇄' 행사
가 열렸어. '포쇄'는 종이에 있는 습기나 벌레를 없애려고 햇볕과
바람에 말리는 걸 말해.

왕의 명령을 받고 한양에서 내려오는 사관들이 경기전에 있는
전주 사고까지 걸어오면서 행사가 시작돼.

전주 사고 앞에서 기다리고 있던 전주부윤은 사관들을 맞아 환
영하는 영접례를 하지. 전주부윤과 사관은 사고 앞에서 네 번 절
하고 사관들이 사고를 여는 거야.

사고에 있는 실록을 살핀 사관들은 교생들을 시켜 실록을 옮기
게 하고 햇빛과 바람에 말리는 포쇄를 지휘 감독해.

포쇄가 끝나면 천궁과 창포를 주머니에 싸서 실록을 담는 궤에

《조선왕조실록》 포쇄 종이에 있는 습기와 벌레를 없애기 위해 《조선왕조실록》을 옮겨서 햇빛과 바람에 말리는 행사야.

넣어. 그 향으로 좀벌레를 막기 위해서지. 포쇄를 마친 실록을 궤에 넣으면 사관은 사고에 자물쇠를 잠근 뒤 종이로 감싸고 그 위에 수결을 한단다. 실록을 보관하는 사고를 함부로 열지 못하도록 표시를 하는 거지.

다시 사고 앞에서 네 번 절하는 것으로 포쇄는 마무리된단다.

제2부

전주에서 만난 우리 문화

최고 소리꾼 뽑는 잔치 한마당

'대사습'은 판소리 명창들의 실력을 보여 주는 큰 잔치를 말해.

원래 조선 숙종 때 전라감영에서 달리는 말 위에서 짚으로 만든 사람을 쏘는 마상궁술대회에서 시작되어 대사습이라고 불렀지. 그 뒤 영조 때 물놀이와 민속무예놀이가 더해졌고 철종 때 판소리, 백일장도 열렸는데, 이 모든 것을 합해서 '대사습놀이'라고 했어.

전주대사습놀이 판소리 명창들의 실력을 보여 주는 큰 잔치로, 원래 달리는 말 위에서 짚으로 만든 사람을 쏘는 마상궁술대회에서 시작되어 물놀이와 민속무예놀이, 판소리, 백일장 등이 더해졌다고 해.

조선 후기 전라감영과 전주부의 통인들은 소리꾼을 불러 잔치를 벌였어. 통인은 감사나 부윤의 잔심부름을 하던 사람을 말하는데, 서로 뛰어난 소리꾼을 부르려고 경쟁했지. 전국에서 이름난 소리꾼을 모셔 와 음식 솜씨 좋은 집에서 먹고 자게 했어. 심지어 감기에 걸리지 않게 하려고 방안 문구멍까지 막으며 최고의 컨디션으로 대사습에 임하게 했다고 해. 그래서 해마다 동지가 되면 소리꾼들은 치열하게 경연을 벌였고 구경꾼들이 구름처럼 몰려들었어.

대회장의 상석은 전라감사와 각 고을 수령 그리고 관기들이 차지했고, 그 아래에는 지역 유지와 양반들이, 일반 백성들은 땅바닥에서 구경했지. 심사위원이 있거나 자격을 주는 기관이 있는 것이 아니고 소리를 들은 청중들이 "명창이다"라고 감탄하면 자연스럽게 명창으로 인정받았어.

가장 뛰어난 소리로 장원이 된 사람은 운현궁으로 가서 대원군의 총애를 받았고, '통정'이나 '참봉'과 같은 벼슬을 받기도 했지.

고수 주덕기가 들려주는 전주대사습놀이 장원 비결

'일고수 이명창'이라는 말 들어본 적 있니? 판소리를 잘
하려면 북을 치는 사람, 즉 고수가 잘해야지 아무리 소리
하는 사람 혼자 날고 기어도 명창이 될 수 없다는 말이야.
소리하는 중간에 고수가 "얼씨구", "좋다"라고 추임새를
넣어 흥을 돋우면 분위기가 좋아지고 소리하는 사람도 힘
이 나거든. 그러니 고수가 으뜸이라는 말이 나오는 거지.

그런데 실제 소리판에 서면 사람들은 소리꾼에게 박수
를 보내고 고수에게는 관심이 없어. 그러니 고수들은 유명
한 소리꾼에게 가려서 빛을 못 보는 거지. 나 역시 유명한
소리꾼 송흥록, 모흥갑의 고수였지만, 고수 주덕기라는 이
름을 아는 사람은 드물었어.

소리꾼 못지않게 판소리를 따르르 꿰고 있고, 오랫동안
소리판에서 살았으니 그까짓 소리 못할 게 뭐냐 싶더라고.
그래 소리꾼이 되기로 하고는 깊은 산속으로 들어가 밤낮
으로 기도하며 소리를 했지.

명창과 고수가 마주 보며 판소리를 하는 모습 《모흥갑 판소리도》 가운데 한 장면
으로 판소리 명창 모흥갑이 고수와 마주 보며 판소리를 부르는 모습이야. (사진·서
울대학교 박물관)

이제는 소리를 해도 되겠구나 싶어 산에서 내려온 나는 사람들 앞에 섰어. 내가 예상한 대로 내 소리를 들은 사람들은 명창이라며 좋아했어. 이제는 고수 주덕기가 아니라 소리꾼 주덕기로 이름이 난 거야.

하루는 전주 다가정에서 소리를 했거든. 수천 명이 내 소리를 들으려고 몰려들었어. 소리가 시작되자 여기저기서 추임새가 들리고 "명창 주덕기 소리가 최고다" 하는 칭찬이 이어졌지. 한껏 흥이 오른 나는 "사실 모흥갑 소리는 논할 가치가 없고, 송흥록 또한 우러러볼 만한 소리가 아니올시다"라고 거들먹거렸어.

그런데 갑자기 소리꾼 모흥갑이 나타나더니 벼락같이 고함을 질렀어.

"내 소리가 부족하다는 건 사실이다. 하지만 송흥록은 모두가 인정하는 소리꾼이고 가왕이라는 칭호까지 받은 명창인데 무례하기가 짝이 없구나."

"정 그러시면 지금 이 자리에서 우열을 가려 보시지요."

나는 한마디도 지기 싫었어. 내 소리 정도면 누구에게도 지지 않을 자신이 있었기도 했고.

하지만 모흥갑의 소리 한 대목을 듣자마자 나는 고개를 숙일 수밖에 없었어.

앞니가 빠진 노인이 부르는 '이별가'가 어찌나 구슬프고 아름답던지 내 실력으로는 어림없었거든.

그날부터 나는 다시 소리 공부에 힘을 쏟았어. 형편없는 실력으로 오만을 떨던 내 모습이 부끄러워 소리 한마디 한 마디에 정성을 다했지.

드디어 대사습이 열리던 날, 나는 그동안 갈고 닦은 소리를 사람들 앞에 선보였어. 사람들은 대명창이라고 환호했지. 그 후 어전으로 가 소리를 하고 낭청 벼슬도 받았단다.

'전주대사습놀이' 축제

해마다 열리던 '전주대사습놀이'는 일제강점기에 중단되었다가 1975년부터 다시 열리고 있어. 매해 단오 무렵이면 열리는데 판소리뿐만 아니라 시조, 가야금 병창, 무용, 농악 등 열세 개 부문에서 장원을 뽑고 있지.

특히 2023년부터는 판소리의 경우 '지정 고수제', 기악 일반 부문 예선에서는 '블라인드 심사'를 도입했거든. '지정고수제'는 판소리를 할 때 평소 호흡을 맞춘 고수와 함께하지 않고 정해진 고수와 경연을 펼치는 것이고, '블라인드 심사'는 악기 연주할 때 심사위원과 참가자 사이에 내림막를 설치하는 거야. 실력 외에 어떤 것에도 영향받지 않고 공정하게 경쟁하기 위해 새롭게 도입한 제도지.

전주에서 펴낸 소설책

전라감영에서는 다양한 분야의 책을 출판했어. 통치 이념으로 삼았던 유교를 널리 알리고, 국가의 주요 사상을 전하기 위해였지. 또 법의학서인 《증수무원록》과 《증수무원록언해》, 의학서인 《동의보감》도 펴냈어. 이렇게 많은 책을 출판한 것은 감영 안에 한지 만드는 '지소'와 책을 출판하는 '인방'이 있었기 때문이야.

전라감영에서 출판한 책은 전주의 옛 이름인 완산에서

《동의보감》 완영본 전라감영에서 이렇게 많은 책을 출판할 수 있었던 것은 감영 안에 한지 만드는 '지소'와 책을 출판하는 '인방'이 있었기 때문이야.

전라감영에서 펴낸 《동의보감 목록》 전라감영에서 출판한 책을 뜻하는 '완영'이라는 글자를 볼 수 있어.

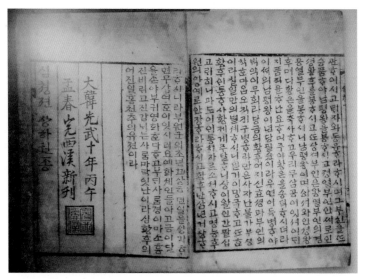

전주 서계서포에서 출간한 《심청전》 전주에서 판매를 목적으로 민간에서 펴낸 소설책이야.

'완'과 감영에서 '영'을 따서 '완영본'이라 불렀고, 인쇄하기 위해 판각한 목판을 '완영책판'이라 했어.

18세기 후반 전주에는 시장경제가 발달하면서 여유로운 서민들이 늘어났어. 이들은 지식을 쌓으면서 재미도 느낄 수 있는 책을 찾았지. 이때 등장한 것이 '완판 방각본'인데, 전주에서 판매를 목적으로 민간에서 펴낸 소설책이야.

《조웅전》이나 《심청전》, 《열녀춘향수절가》와 같은 방각
본 소설책들은 전주 남부시장을 통해 전국으로 팔려 나갔
어. 전라도 말이 생생하게 살아있고, 판소리를 합한 내용
도 풍부해서 사람들에게 인기가 있었지. 예를 들어 내용
위주로 되어 있는 29장 본 '별춘향전'보다 판소리 가락과
전라도 사투리가 더해진 84장 본 '열여춘향수절가'가 내
용이 풍부하고 훨씬 흥미롭거든. 게다가 감영에서 전문적
으로 작업했던 각수들이 목판을 만들고 책을 펴냈으니 품
질 역시 최상이었어.

책을 만들고 판매한 곳은 전주 남부시장에 있는 서포였
어. 남부시장은 전국에서 상인들이 모여들 정도의 큰 시장
이었는데, 다가서포, 서계서포, 완흥사서포, 칠서방과 같은
서포는 오고 가는 사람들이 많은 천변을 따라 자리하고 있
었지. 이때 전주 남부시장 서포가 있던 곳은 오늘날로 말
하면 '출판거리'라고 할 수 있겠지.

각수 서봉운이 들려주는 완판 방각본 이야기

'각수'라는 말 들어봤니? 책을 만들기 위해 나무에 글자를 새기는 사람을 말하지.

조선시대 전주에 있는 전라감영에서는 나라에서 필요한 책을 펴냈어. 그런데 조선 후기가 되자 민간에서 팔기 위한 소설책을 만들었지. 이처럼 전주에서 펴낸 책은 모두 '완판본'이라고 해. 전주의 옛 이름 완산의 '완'자를 써서, 전주에서 펴낸 책이라는 뜻이야. 완판본 중에서 판매하려고 만든 책은 '방각본'이라고 불렀어.

나는 《조웅전》이라는 방각본을 만든 서봉운이야. 각수 박이력과 함께 만들었지. 내가 살던 시대에는 각수가 천한 직업이어서 이름을 남기기가 쉽지 않았어. 그런데 책 끝에 이름이 남아 기억해 주니 말할 수 없이 기쁘구나.

책 한 권을 만드는 일은 참 힘들고 어려워. 나무를 베고 켜서 삶고 말리는 과정 하나하나에 공을 들여야 하고 오랜

완영본을 만들 때 사용하는 책판 전라감영에서 책을 찍을 때 사용한 책판이야.

시간 기다려야 하거든. 마른 나무를 대패질해서 책판과 마구리를 만드는 것도 힘들지만, 책판에 글자를 하나씩 새기는 건 더 고된 일이지. 하지만 이렇게 어려운 일을 할 수 있는 것은 내가 만든 책을 좋아하는 사람들 덕분이야.

우리가 새겼던 방각본 책판이 거의 사라졌다니 아쉽지만, 책이 남아 있으니 다행이라고 생각해. 책을 볼 때마다 책판에 온 정성을 기울인 우리를 기억해 주면 좋겠어.

'완판본 맥 이어가기' 전통 판각 강좌

전주 한옥마을에는 전주에서 출판된 완판본을 한눈에 볼 수 있는 '완판본 문화관'이 있어. 이곳에서는 2013년부터 '완판본 맥 이어가기' 프로그램을 운영해 왔지. 옛날 각수처럼 직접 책판에

양각 실습용 목판 '완판본 맥 이어가기' 전통 판각 강좌의 양각 실습용 목판이야.

글자를 새겨 책을 만들어 보는 거야.

초급반에서는 조각도 만들기, 음각으로 글자 새기기, 양각으로 글자 새기기와 같은 실습을 하지. 고서적 출판 과정인 중급반에서는 책판에 글자를 새기는 것뿐만 아니라, 인쇄하고 책을 만들어 보는 모든 과정을 경험할 수 있어. 마치 옛날 서포에서 책을 만드는 것처럼 말이야. 이렇게 만든 책판과 책은 전시회를 통해 시민들에게 선보일 거야.

유네스코가 지정한 음식창의도시, 전주

유네스코에서는 문학, 음악, 민속공예, 디자인, 영화, 미디어, 음식 등 7개 분야에서 뛰어난 창의성으로 인류문화 발전에 이바지하는 세계 도시를 뽑고 있어.

2012년에는 '음식창의도시'로 전주가 선정되었어. 전주 비빔밥, 콩나물국밥, 오모가리탕과 한정식, 백반 등 열 손가락으로 다 헤아릴 수 없을 만큼 맛있는 전주 음식을 세계가 인정한 거야.

전주비빔밥 2012년 전주가 유네스코 지정 '음식창의도시'로 선정되었는데, 이는 전주의 음식을 세계가 인정한 거야. (사진·픽사베이)

전주 음식은 왜 이렇게 맛난 걸까?

음식의 기본은 재료잖아. 전주는 신선한 음식 재료가 풍성해. 산간지대에서는 산나물과 버섯이, 호남평야에서는 쌀과 채소, 과일이, 서해안에서는 생선, 조개, 게 등이 많이 나거든. 게다가 큰 시장이 있어 유통도 활발하니 싱싱한 물건을 싸게 살 수 있었지.

또 전주는 조선왕조를 세운 전주 이씨들이 대를 이어 사는 곳이라 명문가의 전통 음식이 그대로 전해져 왔어. 음식에 대한 정성이 각별하고 가짓수도 많은 전주만의 독특한 맛이 이어져 올 수 있었던 거야.

전주 하면 가장 먼저 떠오르는 비빔밥은 눈으로도 먹고 입으로도 먹는다는 말이 있을 정도로 색이 아름답고 영양도 풍부해. 따뜻한 유기그릇에 콩나물, 도라지, 버섯, 시금치, 고사리를 무치고 볶아서 넣고, 쇠고기와 달걀, 황포묵을 얹으면 맛도 좋고 건강에도 좋은 비빔밥 완성이야.

전주비빔밥에 들어가는 황포묵은 콩나물과 함께 전주

십미라고 전해지지. 전주 십미는 오래전부터 전주 음식의 기본이 되는 재료라고 하는데 전주 근처에서 나오는 열무, 황포묵, 애호박, 감, 무, 게, 모래무지, 서초, 미나리와 콩나물을 말해.

뜨끈한 국물로 속을 시원하게 해 주는 음식은 전주콩나물국밥만 한 게 없지. 고소하고 연한 콩나물과 밥을 뚝배기에 담고 육수를 부어 팔팔 끓인 콩나물국밥은 특별한 요리법이 없는데도 속까지 든든하게 채워 주는, 먹어도 먹어도 질리지 않은 음식이야.

전주에서는 이런 전통적인 방법과 다르게 끓이지 않고 뜨거운 육수에 말아서 먹는 남부시장식 콩나물국밥도 맛볼 수 있어.

전주 교동 한벽당 아래 전주 천변에는 오모가리탕집이 있어. '오모가리'는 전주사투리로 뚝배기를 말하거든. 뚝배기에 모래무지를 넣고 끓인 매운탕을 오모가리탕이라고 해. 예전에는 전주천 맑은 물에서 잡은 물고기에 시래기와 들깨를 넣어 만들었다고 하는데 얼큰한 국물맛이 최고란다.

　'전주 음식' 하면 빼놓을 수 없는 게 전주 백반과 한정식이야. 백반은 밥과 국, 반찬을 기본으로 상을 차려 내는 것인데, 전주 백반은 가짓수가 많기로 유명해서 작은 한정식이라고도 하지. 전주 한정식은 조리법과 재료의 조합이라든지 짜고 싱거운 음식과 차갑고 뜨거운 음식 그리고 색깔을 고려해서 상을 차려 낸단다.

조지 포크가 들려주는 전주 음식 이야기

나는 1884년에 미국 공사관의 무관으로 조선에 온 조지 포크라고 해. 한자로는 '복구'라고 쓰지. 조선의 보빙사 일행이 미국에 왔을 때 통역장교였어. 민영익 대감의 청으로 보빙사가 귀국할 때 함께 조선에 왔지.

그해 11월, 나는 가마를 타고 대동여지도를 보면서 전라도를 여행했어. 흔들리는 가마를 타고 벌레가 우글거리는 곳에서 잠을 자고, 추운 날씨에 물이 없어 씻지 못하는 건 불편하고 힘든 일이었지. 하지만 전라감영에서의 하루는 놀라웠어.

감영의 대문이 열리고 눈앞에 거대한 관아가 보였지. 기와를 올린 높은 지붕과 기둥이 위엄 있었어. 화려하게 옷을 입은 하급 관리들이 무리 지어 서 있는 모습을 보고 나는 깜짝 놀랐지. 한양에서 멀리 떨어진 이곳 전주에 이렇게 장엄한 곳이 있다는 게 말이야.

조지 포크가 만난 김성근 감사와 관리들 1884년 전라감영에 들른 조지 포크는 콩밥, 쇠고기뭇국, 맥적구이, 쇠고기편육, 육전, 콩나물무침, 꿩탕, 오리탕 등 17가지의 전주 음식을 맛보았다고 해. (사진·미국 위스콘신대학교 밀워키캠퍼스)

　계단을 올라 방 안에 들어서니 크고 검은 수염의 전라감사가 있었어. 그는 비단옷을 입고 모자 뒤에 길고 빨간 술을 매달았고 앞쪽에는 공작 깃털을 꽂았더라고.

　감사와 나는 많은 걸 이야기했지. 그중에는 여행하며 본 것 중에 아쉬웠던 게 무엇인지와 같은 질문도 있었어. 나는 버려진 땅들을 활용할 방법을 찾아야 한다고 대답했지. 그리고 외국과의 통상과 무역을 통해 조선이 발전해야 한다고 말했어. 그는 지금까지는 그런 일이 가능한지 몰랐고 앞으로 서서히 그렇게 될 거라고 대답했지.

감영을 나온 뒤 나는 객사로 갔어. 넓고 평안한 그곳은 내가 본 것 중 최고였어.

다음 날 아침 어마어마한 밥이 도착했어. 감사가 내 가슴까지 닿는 상을 보낸 거야. 상 위에는 콩밥, 쇠고기뭇국, 맥적구이, 쇠고기편육, 육전, 콩나물무침, 꿩탕, 오리탕 등 모두 17가지의 음식이 있었어. 나는 이 특별한 밥상을 기억하기 위해 그림으로 그렸지.

전주비빔밥 축제

맛과 멋의 도시, 전주에서는 해마다 '전주비빔밥 축제'를 열고 있어.

함께 비비고 나눠 먹는 대형 비빔밥도 만들고, 다양한 음식으로 유명한 '전주 한식상 퍼레이드'도 있지. 전주의 유명한 요리사들과 함께 만드는 '비빔밥 쿠킹클레스'에서는 특급 노하우를 배울 수도 있단다.

전주비빔밥 축제 맛의 도시, 전주에서는 해마다 '전주비빔밥 축제'가 열려.

'전주 비빔음식 전국 경연대회'는 우리 집 비빔밥 비결을 선보일 기회야. 요리를 전공으로 하는 학생들이 벌이는 특별한 비빔음식에는 어떤 게 있는지도 알아보고 말이야.

천년이 가도 변하지 않는 종이

"종이는 천년을 가고 비단은 오백 년 간다"는 말이 있
어. 우리 종이 '한지'가 쉽게 찢어지지 않고 오랫동안 보존
이 가능하다는 뜻이야. 그중에서도 '전주 한지'는 외교문
서와 임금에게 올리는 문서에 주로 쓰일 만큼 품질이 좋았
지. 전주에는 한지를 만드는 닥나무가 많았고, 물에 철분
이 적어 한지 만드는 데 딱 맞았거든.

전라감영에서는 감영 안에 있는 조지소에서 만든 종이

전주 한지 '전주 한지'는 외교문서와 임금에게 올리는 문서에 주로 쓰일 만큼 품질이 좋았어.

한지의 재료가 되는 닥나무 껍질 전주에는 한지를 만드는 닥나무가 많았는데, 왼쪽이 닥나무 흑피, 오른쪽이 닥나무 백피야.

로, 정치, 의서, 유학 등에 관한 60여 종의 책을 만들었어. 전주에서는 개인이 사적으로 만든 책도 많았고 남밖장에서 파는 책들은 인기가 많아서 날개 돋친 듯이 팔렸지. 이렇게 전주에서 출판이 활발했던 것은 질 좋은 종이 덕분이었어. 또 나라에 진상품으로 유명했던 전주 부채와 뛰어난 글씨를 뽐냈던 서예 역시 전주 한지의 뛰어난 품질이 뒷받침되었기에 가능한 일이었지.

전주 흑석골에는 조선시대에 한지 지소가 있었고, 70~80년대까지도 한지 공장이 모여 있었어. 하지만 물이 오염되고 닥나무 생산이 줄면서 한지 생산에 문제가 생겼지. 게다가 전국적으로 한지 산업이 줄면서 전주에서도 한지를 만드는 사람과 공장이 사라지고 있어.

전주시에서는 이런 문제를 해결하려고 전주한지장을 지정해 지원하는 제도를 만들었어. 전주한지장은 숙련된 기술과 장인 정신을 가지고 20년 이상 한지를 만든 사람이어야 해.

요즘에는 미술품이나 책을 보수, 복원하는 재료로 전주 한지가 알려지고 있어.

한지장이 알려 주는 한지 만드는 과정

닥나무에 물과 닥풀을 섞어, 발을 사용해서 손으로 떠 내는 종이를 한지라고 부르지. 전통 방식으로 만드는 우리 한지는 화학 첨가물을 넣지 않고 손으로 하나하나 떠서 만 들어. 외국에서 들여온 종이는 화학적 처리 과정을 거친 펄프를 사용하고 대량으로 만들어 낼 수 있지.

한지를 만들려면 먼저 겨울에 어린 닥나무를 베어 와야 해. 추운 겨울에 베어 낸 닥나무 껍질로 만들어야 품질이 좋거든. 베어 온 닥나무는 껍질이 잘 벗겨지게 쪄야 하지. 처음 벗겨낸 닥나무 껍질을 '흑피'라고 하고, 흑피를 불려 서 겉껍질을 벗겨 낸 것을 '청피', 청피를 벗겨낸 것을 '백 피'라고 해. 껍질 가장 안쪽은 하얀색인데, 이게 바로 최고 급 한지의 재료인 '백닥'이야.

먼저 백닥을 햇볕에 널어 말린 뒤 하루나 이틀 동안 불 려야 해. 충분히 불린 백닥을 적당히 잘라 닥솥에 넣고 잿물과 함께 네다섯 시간 동안 푹 삶는 거야. 이때 사용하는 잿물은 메밀대, 콩대, 짚을 태운 재를 물로 걸러 만들어. 산성인 종이와 알칼리성인 천연 잿물이 만나 중성화되니까 한지를 오랫동안 보존할 수 있는 거지.

삶은 닥을 흐르는 물에 반나절 동안 담가서 당분, 잿물, 기름기를 씻어 내는 거야. 그걸 다시 물속에 5~7일 정도 담가 두고 햇빛에 노출 시키면 색이 하얗게 변하거든. 그럼 물속에서 건져 내 불순물을 없애면 되지.

티를 골라낸 백닥을 닥돌 위에 올려 놓고 닥방망이로 40~60분 정도 두들겨 찧은 뒤, 물이 있는 지통에 넣어 풀어지게 만들어. 이게 힘들어서 조선시대에는 죄인들을 시켰다고 해. 형벌 중 하나였다니 얼마나 힘들었을지 짐작이 가지?

지통에 닥나무 섬유가 서로 엉키지 않게 하는 닥풀(황촉규)을 넣고 막대로 잘 저어 주면 종이 만들 준비가 끝나.

한지를 만들 때는 하나의 끈으로 묶여 있는 틀 위에 발을 놓고 앞에서 떠서 뒤로 흘려보내고, 좌우 '옆물질'로 종

전주 한지 만드는 과정

닥나무 껍질 벗기기 한지를 만들려면 먼저 추운 겨울에 어린 닥나무를 베어 온 다음, 도구를 이용해 겉껍질을 벗겨 내야 해.

백닥 삶기 충분히 불린 백닥(닥나무 껍질 가장 안쪽)은 적당히 잘라 닥솥에 넣고 네다섯 시간 푹 삶아야 해.

닥풀 넣기 여러 과정을 거쳐 만들어진 닥나무 섬유가 서로 엉키지 않도록 닥풀(황촉규)을 넣고 잘 저어 주면 종이 만들 준비가 끝나.

한지 만들기 틀 위에 발을 놓고 흘림뜨기로 종이를 만들어. 만든 종이는 물기를 빼고 말린 다음, 표면을 다듬으면 한지가 완성돼.

이 두께를 조절하거든. 이것이 '흘림뜨기(외발뜨기)'라는 전통 한지를 만드는 기술이야.

만들어진 종이는 한 장씩 포개는데, 나중에 종이를 떼어 내기 좋게 종이 사이에 실을 끼우지. 종이 위에 무거운 돌이나 지렛대로 눌러 하룻밤 물기를 빼 주고 말리는 거야. 마지막으로 한지의 표면을 다듬는 도침이 필요해. 도침은 홍두깨나 디딜방아 모양의 도침기로 한지를 두드리는 거거든. 이렇게 해야 표면이 고르고 틈이 메워져 인쇄할 때 번지지 않고 광택도 좋아진단다.

한 장의 한지가 만들어지기까지 수십 번의 손길이 필요하지. 그래서 손이 백 번 간다는 의미로 한지를 '백지'라고 부르기도 하지.

전주 한지 문화축제

전주에서는 해마다 '한지 문화축제'를 열고 있어. 한지 문화축

제에서는 어린이들이 한지를 이용해 만든 '한지 미술공모전' 작

품을 볼 수 있고, 탁본 뜨기, 목판인쇄, 한지공예, 제기차기, 한지

전통 종이 제조 시연 우리 한지와 일본 종이 만드는 과정을 보여 주고 있어.

연 만들기와 같은 한지 문화를 체험할 수도 있어.

우리 한지와 일본의 화지 장인이 종이 뜨는 것을 현장에서 보고 손으로 만져볼 수 있어. 게다가 직접 만들어 보는 기회도 가질 수 있지.

삼국의 전통 종이를 활용한 종이 문화 패션쇼인 '종이 패션 특별전'과 삼국의 종이와 다양한 종이 조형 작품을 만날 수 있는 '종이 문화 교류전'은 한국, 중국, 일본의 종이 문화를 볼 수 있는 특별한 기회야.

무형문화재 색지장이 한지를 이용해 만든 장이나 함 같은 공예품을 전시장에서 만나볼 수 있단다.

제3부

전주에서 만난 핍박과 항쟁의 역사

동학농민군

전주성을 점령한 동학농민군

모든 사람은 존엄하다는 '인내천' 사상을 기본으로 하는 동학은 세도정치와 탐관오리들에게 괴롭힘을 당하던 농민들의 지지를 받았고, 그 수가 점점 늘어났어. 동학교도들은 1894년 나라를 돕고 백성을 편안하게 한다는 '보국안민'을 내세우며 동학농민혁명을 일으켰지.

전라도 고부 군수 조병갑은 그동안 백성들이 사용하던

전주성을 점령한 동학농민군 동학교도들은 1894년 나라를 돕고 백성을 편안하게
한다는 '보국안민'을 내세우며 동학농민혁명을 일으켰어. (사진·위키피디아)

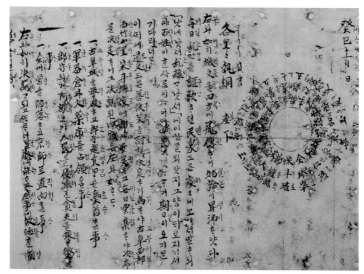

사발통문 전봉준은 사발통문을 돌려 폭정을 휘두르던 고부 군수 조병갑을 몰아내고 전주를 치자고 했어. (사진·위키피디아)

보가 있는데도 새로 만석보를 만들었어. 백성들은 강제로 부역에 동원되었고, 많은 수세를 내야 했지. 게다가 자기 아버지의 공덕비를 세운다는 명목으로 강제로 세금을 걷었고, 누명을 씌워 백성들의 재산을 빼앗았어.

결국 참다못한 고부 백성들은 전봉준의 아버지를 찾아와 호소했고, 그는 탄원서를 제출했지. 하지만 결과는 참혹한 죽음이었어.

전봉준은 사발통문을 돌려 조병갑을 몰아내고 전주를 치자고 했어. 전봉준은 농민들과 함께 만석보를 파괴하고, 고부 관아로 쳐들어갔지. 소식을 들은 조병갑은 전라감영으로 도망쳤지 뭐야.

안핵사 이용태가 동학농민군의 요구사항을 들어주기로 하자 농민군은 스스로 해산했어. 그런데 이용태가 약속과 다르게 동학교도들을 체포하고 재산을 빼앗는 것을 본 전봉준과 농민들은 다시 일어났지.

조정에서는 동학농민군을 진압하라고 초토사 홍계훈을 보냈어. 그 사이 전라감사 김문현은 혼자서 공을 세울 욕심에 병사를 이끌고 나갔지. 하지만 황토현에서 동학농민군과 만나 전멸하고 말아.

장성 황룡촌 전투에서도 전라감영군을 무찌른 동학농민군은 기세를 몰아 전주를 향해 나아갔어. 전주, 삼천동에서 하룻밤을 보낸 뒤 완산과 다가산, 황학대까지 일자진을 펼치면서 전주성으로 진격했지. 전라감사 김문현은 놀라 달아났고, 동학농민군은 비어 있는 전주성으로 들어갔어.

하루 뒤 전주로 들어온 홍계훈은 용머리고개 남쪽에 진을 치고 전주성을 공격했어. 완산 전투가 시작된 거야. 동학농민군은 성을 나갔다가 물러나기를 반복하다가 유연대 부근에서 싸워 이기고 다가산을 점령했어. 다시 용머리고개를 가로질러 관군의 본영까지 갔지만, 공격을 받고 성안으로 물러났지.

그사이 청나라군과 일본군이 우리나라에 들어왔다는 소식이 들렸어. 동학농민군은 '전주화약'을 맺고 전주성에서 해산했어. 전라감사 김학진과 전봉준은 전주에 집강소의 총본부인 대도소를 두고, 전라도 53개 군 현에 집강소를 설치했지. 집강소는 농민군의 지방 통치조직으로 지방행정을 좌우했어. 전봉준은 전라감사의 집무실인 선화당에서 전라감사 김학진과 함께 근무했지.

전봉준이 들려주는 동학농민군의 전투 이야기

고부는 가을이면 온 들판에 누런 곡식이 춤을 추는 넉넉한 곳이란다. 하지만 추수를 마치면 손에 남는 게 없었어. 관에서 세금으로 다 뜯어가기 때문이지. 그중에서도 고부 군수 조병갑은 아주 악랄했어.

처음엔 그래도 희망을 품었지. 그런데 탄원서를 제출했던 아버지가 붙들려 갔다가 장독으로 돌아가셨어. 한 줄기 기대조차 무너졌을 때 나는 '고부 관아를 점령하고 조병갑을 처형한다.', '전주성을 점령하고 한양으로 간다'는 사발통문을 돌렸어. 우리는 농기구와 죽창으로 무장하고 고부 관아를 접수했어. 창고의 곡식을 풀어 마을 사람들에게 나눠주고 무기고에서 조총과 탄약을 빼앗았지.

안핵사로 온 이용태는 제멋대로 우리 동학교도들을 잡아 가두었어. 재산을 빼앗고 심지어 사람까지 죽였지. 우린 탐관오리를 숙청하고 백성을 편안히 하자며 일어섰어.

황토현 전투에서 우리는 특별한 전략으로 크게 이겼지.

동학농민군을 이끈 전봉준 동학농민군은 거짓
으로 후퇴하는 전략으로 황토현 전투에서 큰 승
리를 거두었어. (사진·위키피디아)

처음에 우리 동학농민군이 거짓으로 후퇴하자 전라감사
김문현은 이긴 줄 알고 기뻐 경계를 풀었어. 다음 날 새벽
우리는 기습적으로 공격해 전라감영군을 물리쳤어.

그 후 조정에서 초토사 홍계훈 부대를 내려보냈다는 소
식을 들었어. 나는 전면전은 피해야 한다고 생각했지. 정규
훈련을 받은 정예군에다 신식무기로 무장했으니 직접 맞닥
트리면 우리가 질 게 뻔하니까 말이야.

장성 황룡강 근처에서 처음 관군의 공격을 받았을 때 나는 고지로 올라가 적의 움직임을 살폈지. 생각보다 숫자가 적은 것을 보고 해 보자는 생각이 들었어. 문제는 저들이 가진 신식무기를 어떻게 쓸모없게 만드느냐였지.

나는 고지에서 내려온 뒤 솜씨 좋은 농민들을 불러 방어용 무기를 만들었어. 대나무로 만든 장태 속에 짚을 넣고 밖에는 칼을 꽂았지. 우리는 관군을 향해 장태를 굴렸어. 관군들은 총과 포를 쏘았지만 모두 장태에 박히고 말았지. 우리는 또다시 승리를 맛보았어.

이제 드디어 전주로 가야 할 때가 온 거야. 금구원평에 도착하니 조정에서 보낸 선전관이 있었어. 우리는 그의 설득에도 굴하지 않고 앞으로 나아갔지. 삼천에서 밤을 보내고 용머리고개와 전주천을 건너 전주성 서문으로 갔어.

전라감사 김문현은 동학농민군이 왔다는 말에 도망을 쳤고, 장꾼으로 변장한 동학군과 농민 편에 선 감영의 관노, 사령들이 성문을 열어 싸움 없이 감영 안으로 들어갈 수 있었던 거야.

전주 녹두관

전주 완산칠봉(완산공원)에는 동학농민혁명 추모 공간인 '녹두관'이 있어. 동학농민군이 격전을 치렀던 장소에 그들을 기억하고, 그 정신을 잇는 공간이 들어선 거지.

녹두관의 전시실에서는 동학농민혁명 관련 자료와 전시, 영상을 볼 수 있어. 추모관은 무명 동학농민군 지도자의 유골을 모신 곳이야.

유골의 주인공은 동학농민혁명 당시 일본군에 처형되었는데, 인종학 연구를 위해 일본으로 가져갔다고 해. 그 후 일본 북해도 대학의 표본 창구에서 발견되었어. 유골이 담겨 있던 상자에는 '메이지 39년(1906년) 진도에서 효수한 동학당 지도자의 해골, 시찰 중 수집'이라고 적혀 있었어.

우리나라로 모셔 오긴 했는데 안장할 장소를 찾지 못하다가 녹두관을 지어 그곳에 모실 수 있었지.

전주 완산공원에 있는 녹두관 동학농민혁명 추모 공간이야.

녹두관에 있는 무명 동학농민군 지도자의 묘 동학농민혁명 당시 일본군에 처형되고 인종학 연구를 위해 일본에 가져갔던 유골을 모셔 온 거야.

우리나라 최초의 천주교 순교 터

천주교가 처음 조선에 들어왔을 때 당시 사람들은 종교
가 아니라 학문으로 생각했어. 그래서 '서학'이라고 불렀
지. 하지만 천주교가 가지고 있는 하느님 앞에서는 모두가
평등하다는 것, 제사를 금지하는 문화는 신분제와 유교를
중시하는 조선에서는 받아들일 수 없었어.

그러다 1791년 진산사건이 터진 거야. 진산에 살던 양반
윤지충은 신주를 불태우고, 어머니가 돌아가시자 위패 없

전동성당 전동성당은 우리나라 천주교의 첫 순교자인 윤지충과 권상연이 죽임을 당한 자리에 세워졌어.

순교 터를 알리는 모자이크 15세에 초록바위에서 처형당한 남명희는 전주천에 수장되었어.

이 천주교식으로 장례를 치렀어. 같은 천주교 신자였던 외사촌 동생 권상연 역시 윤지충을 지지하며 함께했지.

이 소식을 들은 조선의 양반들은 발칵 뒤집혔어. 당시 조선에서는 신주를 불태우는 것은 인간의 도리를 저버리는 행위이자 불효이고, 불충이었거든. 두 사람은 전라감사의 심문에 순순히 자백했고, 대역죄인이라는 이유로 참수를 당했지.

전라감사가 올린 보고서에는 "윤지충과 권상연은 유혈이 낭자하면서도 신음 한 마디 없었습니다. 그들은 천주의 가르침이 지엄하다고 하면서 임금이나 부모의 명은 어길지언정 천주를 배반할 수는 없다고 하였으며, 칼날 아래 죽는 것을 영광스럽게 생각한다고 말하였습니다"라고 기록되어 있어.

전동성당은 첫 순교자인 윤지충과 권상연이 죽임을 당한 자리에 세워졌어. 성당 건축을 시작한 것은 프랑스 사람 보두네 신부였지. 성당의 주춧돌은 당시 신작로를 만들때 전주 성벽을 허물면서 버린 돌을 가져다 만들었어. 참

수된 순교자들의 머리가 성벽에 매달렸을 때 떨어진 피가 스민 돌인 거야. 순교자들의 최후를 지켜본 돌이 그들을 기리는 성당의 주춧돌이 된 거지.

성당을 세울 때 썼던 나무는 승암산에서 가져왔고, 벽돌은 중국인 기술자 100여 명이 직접 구워서 만들었어. 벽돌을 구울 때도 헐린 성벽에서 나온 흙을 가져다 썼어.

일제강점기에는 일제가 전동성당 종을 공출하려고 한 적이 있었거든. 성당의 신부는 "적이 공습해 전기나 통신이 끊어져도 종을 쳐서 사람들에게 알릴 수 있지 않겠소? 게다가 매일 듣던 종소리가 들리지 않으면 사람들이 불안해할 것이오"라며 설득했어. 신부의 재치 있는 대답이 위기를 막은 거지.

한옥마을에 들어서면 순교자들의 아픔이 서려 있는 전동성당과 그들을 핍박한 나라 조선을 세운 이성계의 어진을 모신 경기전이 마주 보고 서 있어. 지나간 시간 속에 켜켜이 쌓인 이야기를 들여다보며 두 세계가 평화롭게 공존하는 지금이 참 좋아.

남명희가 들려주는 순교 이야기

아버지가 서소문 새남터에서 순교했다는 소식을 들었을 때 나는 솟아오르는 눈물을 삼키고 또 삼켰어. 과거에 급제하고 승지 벼슬까지 했음에도 관직을 버리고 신앙을 택한 아버지다운 죽음이라는 걸 알기에 슬퍼하지 않아야 한다고 생각했거든.

아버지가 처형당한 후 할아버지와 나는 공주 감영으로 이송되었는데, 할아버지와 손자를 한 감옥에 두지 않는다는 국법 때문에 나만 다시 전라감영으로 옮겨졌어. 할아버지 역시 죽음이 눈앞에 있다는 것을 알면서도 전혀 흔들림이 없었어.

러시아가 통상을 요구했을 때 아버지는 위험을 무릅쓰고 대원군에게 프랑스와 수교를 맺고, 그 세력을 이용해 러시아를 물리칠 것을 건의했어. 하지만 그것 때문에 오히려 쫓기는 몸이 되었지. 할아버지는 아버지에게 "너는 충성된 신하의 도리를 다했고 교회를 위해서도 할 일을 했다. 너의 목숨은 이미 정해졌으니 사형선고를 받더라도 교회에 욕되지 않게 하여라"라고 말했어. 아버지는 그 길로 베론성당으로 가서 신부님에게 마지막 성사를 받고 길을 나섰다가 붙잡히고 말았어.

나는 할아버지와 아버지가 순교한 것처럼, 그렇게 죽음을 맞을 거라 각오를 다졌지. 그런데 전라감영에서 내 나이가 14세라며 처형을 미루는 거야. 국법에 15세가 되어야 사형을 할 수 있다면서 말이야.

나를 불쌍하게 생각한 전라감사는 나를 불러 타일렀어.

"너마저 죽으면 너희 집안은 대가 끊기지 않느냐. 신앙을 버리면 풀어줄 터이니 믿지 않는다고 말하여라."

나는 그저 고개만 저었지. 감사는 다시 내게 말했어.

"내년이면 너는 성인이다. 그때까지 내 말을 듣지 않으면 국법이 지엄하니 너를 죽여야 한다. 제발 잘 생각해라."

하지만 나는 끝까지 믿음을 버리지 않았지.

15세가 되자 나는 처형당해 전주천에 수장되었어.

한국 최초 순교자 유해 발굴

천주교 전주교구는 한국 천주교 첫 순교자 윤지충과 권상연 그
리고 윤지충의 동생인 윤지헌의 유해가 사후 230년 만에 발견되
었다고 밝혔어. 완주 초남이성지 바우배기 일대를 성지로 조성하
기 위해 무연고 묘지를 개장했는데, 그곳에서 세 사람의 유해가
발굴된 거야.

처음 유해가 발굴되었을 때 목뼈 등에 예리한 기구로 손상한 흔
적이 발견돼 참형을 당한 순교자일 가능성이 컸지. 게다가 무덤
주인의 신상을 적은 사발이 나왔는데 '윤지충 보록'이라는 세례명
이 쓰여 있었어. 또 각각의 무덤에는 왼쪽과 오른쪽에 누구 묘가
있다는 안내가 있었지.

교구는 고고학, 해부학 전문가에게 묘소와 유해에 대한 감식을

한국 천주교의 첫 순교자들 왼쪽부터 윤지충, 권상연, 윤지헌이야. (사진·한국천주교 주교회의)

의뢰했어. 정밀 조사와 방사선탄소연대측정 결과 묘지의 조성과 출토물의 연대가 윤지충과 권상연이 순교한 1791년과 같았어. 해부학적 조사에서도 유전정보가 일치한다는 결과가 나왔지.

전주교구에서는 세 순교자의 유해를 초남이성지 교리당에 모셨어.

남문장 만세 소리

1919년 3월 1일, 조선인들은 일제의 지배에 항거하여 독립을 선언하고 만세를 불렀어. 민족대표 33인은 경성부 태화관에서 독립선언서를 낭독했고, 탑골공원에서는 학생들이 만세를 부르고 시위행진을 했지. 이후 만세운동은 전국으로 퍼졌어.

전주의 3·1운동은 천도교와 기독교 그리고 신흥학교와 기전학교 학생들이 앞장섰어.

전주 남부시장에 있는 3·1운동 기념비 전주의 3·1운동은 천도교와 기독교 그리고 신흥학교와 기전학교 학생들이 앞장섰어.

3월 2일 서울에서 온 인종익은 전주 천도교 교구실에 독립선언서를 전달했지.

기전학교를 졸업하고 천안의 한 광산촌에서 초등학교 선생을 하던 임영신은 거지로 변장한 함태영을 만났어. 기독교 단체와 전라도 독립 만세의 책임자였던 그는 종이 뭉치를 주며 이렇게 말했지.

"이것은 독립선언서요. 전주에 있는 동지들에게 전하시오."

임영신은 전주로 와서 서문밖교회 이돈수 장로를 찾아가 독립선언서를 전했고, 이돈수 장로는 다시 목사인 김인전과 청년 신일용에게 전달했어. 천도교와 기독교 두 단체는 각각 독립선언서를 등사하고 태극기를 만들어 3월 13일 전주 장날에 만세를 부르기로 정했지. 천도교는 교구실에 있는 등사판으로, 기전학교 학생들은 이돈수 장로의 집에서, 신흥학교 학생들은 학교 지하실에서 호롱불을 켜놓고 태극기와 선언서를 준비했어.

그런데 이를 눈치챈 일본 당국은 신흥학교와 기전학교

가 방학을 하도록 만들었어. 졸업반 학생들은 방학이지만 시골집으로 가지 말고 만세운동에 참여하자고 독려했지.

드디어 3월 13일 정오 무렵, 남문에서 인경소리가 울리자 만세운동이 시작되었어. 천도교, 예수교 교인들과 신흥, 기전학교 학생들은 남문시장에서 "대한독립만세"를 외쳤어. 신흥학교 학생들은 채소 가마니에 숨겨 온 태극기를 사람들에게 나눠 주었지. 기전학교 학생들은 독립선언서를 장꾼들에게 나누어 주었어.

사람들은 만세를 부르며 남문을 지나 우체국 앞까지 행진했지. 하지만 우체국 앞에서 일본 헌병과 경찰들이 무력으로 군중들을 해산시켰어. 그 과정에서 부상자가 생겼고 체포당한 사람들도 있었지. 하지만 만세운동은 그날 밤 11시까지 다섯 차례 이어졌어. 다음 날에는 완산 다리 부근에서 천여 명이 태극기를 들고 독립 만세를 외치며 시내 중심가로 진출했지. 시위를 진압하려고 용산의 일본군 사령부 1개 중대가 도착하자 시위는 줄었지만, 전주의 만세운동은 4월 초까지 이어졌어.

기전학교 학생이 들려주는 전주의 만세운동 이야기

기전학교 학생인 우리는 만세운동을 위해 몰래 모여 태극기를 만들었어. 일본당국은 학생들의 만세운동 참여를 막으려고 강제로 방학하게 했지. 하지만 우리는 후배들을 독려하면서 때를 기다렸어.

3월 13일 우리는 상복을 입고 흰 띠로 머리를 동여맨 뒤 짚신을 끈으로 단단히 매고 마지막으로 서로의 손을 마주 잡았어. 인경소리가 들리자 그동안 잠을 줄여가면서 만든 태극기를 품에 안고 쓰개치마를 둘러썼지.

남문 밖에는 신흥학교 학생들이 지하실에서 만든 태극기, 독립선언서를 채소 가마니에 숨긴 채 기다리고 있었어. 우리는 그들과 함께 시장에 온 사람들에게 태극기와 독립선언서를 나누어 주었지. 태극기를 받아든 사람들은 큰 목소리로 "대한독립만세"를 외쳤어. 우리도 장꾼들과 함께 만세를 부르며 감격의 눈물을 흘렸지.

우리는 사람들과 함께 남문시장을 나와 우체국 앞까지

만세를 부르며 걸어갔어. 당황한 일본 경찰은 어쩔 줄 모르다가 총을 휘두르며 강제로 해산하게 했어. 우리는 아랑곳하지 않고 당당하게 앞으로 나아갔어. 하지만 결국 경찰에게 붙잡히고 말았지.

다음 날에도 기전학교 학생 수십 명이 잡혀 들어왔어. 일본 경찰은 만세를 부르는 사람들에게 칼을 휘둘렀고, 소방대원들이 갈고리로 찍어댔대. 게다가 빨간 물감을 뿌려 물감이 묻은 사람을 골라 잡아들였다는 거야.

경찰은 우리를 하나씩 따로 불러들였어. 나도 어쩔 수 없이 끌려갔지. 그는 험한 얼굴로 나를 다그쳤어.

"주동자가 누구냐? 사실대로 말해. 잘못을 뉘우치면 살려 주겠다."

"내 나라 독립을 위해 만세를 불렀는데 그게 왜 잘못이냐?"

경찰은 고래고래 고함을 지르더니 고문을 했어.

우리는 10일 후에 검찰로 넘겨졌고 재판에 넘겨졌지.

법정에 처음 서던 날, 우리는 얼굴에 용수를 쓰고 재판

신흥학교 앞 버스정류장 기전학교과 신흥학교 학생들이 만세운동을 벌인 현장이야.

을 받았어. 이름 부르는 가족들의 목소리가 들려왔지. 장
하다는 소리도 들렸어. 저들은 우리들의 죄목이 소요죄와
보안법 위반이라고 했어. 하지만 우리는 당당하게 우리의
소신을 밝혔지. 그 후 조선총독부에서는 미국 유학을 보내
준다며 배후를 캐내려 했어. 하지만 우리 중 누구도 대답하
지 않았어. 3개월 후 우리는 6개월 징역에 3년의 집행 유예
를 받았지만, 대구 법정에서 기각되었지.

만세운동의 현장, 3·1운동 기념 공간으로

전주 신흥중고등학교는 1919년 3·1만세운동이 벌어졌을 때 학생들이 학교에 있는 지하실에서 몰래 태극기와 독립선언서 등을 만들어 만세운동을 펼친 곳이야.

전주에서는 전주 3·1운동의 중심지였던 신흥학교 앞 버스정류장을 3·1만세운동 기념 공간으로 만들었어. 지역의 예술작가가 만든 3·1운동 이야기를 담은 조형 작품을 설치했고, 역사 기록 사진과 시대에 따라 바뀐 태극기의 모형도 전시했지.

또 시내버스가 이곳을 지날 때 "여기는 1919년 3·1운동 당시 신흥학교 학생들이 일제 식민 지배에 항거해 학생운동을 일으킨 곳입니다"라는 안내방송이 나온단다.

미치광이 소리 들은 독립운동가

이거두리는 감찰 벼슬을 한 부잣집 아들로 태어났어. 하지만 집안의 인정을 받지 못한 어머니가 집을 나가 서자처럼 자랐지. 새어머니가 아픈 눈에 된장을 붙이면 낫는다고 해서 그대로 했다가 한쪽 눈을 잃었어. 사실 그의 본명은 '이보한'인데 '거두리로다'라는 찬송가를 부르고 다녀서 사람들이 '이거두리'라고 불렀지.

하루는 아버지가 거두리에게 소작인들에게 빌려준 돈

이거두리 기념비 미치광이를 가장한 이거두리는 3·1만세운동에 앞장섰으며, 독립 자금을 모아 독립군에게 전달한 애국자였어.

을 받아오라고 심부름을 시켰거든. 장부를 들고 빚진 사람들에게 갔는데 형편이 말이 아냐. 거두리는 장부에 작대기를 긋고는 빈손으로 돌아왔지. 장부를 본 아버지가 받은 돈을 내놓으라고 했어.

"아버지는 그 돈 안 받아도 살 수 있지만 그 사람들은 당장 굶어 죽을 판이오. 그래 작대기를 그었소."

이거두리는 이렇게 말하고는 도망쳐 버렸지.

이거두리는 가난한 거지와 고아를 친구처럼 대하고 먹이고 입혔어. 길을 가다가도 헐벗은 사람을 만나면 자기 옷을 벗어 주고 불쌍한 사람들 돌보았지. 가난하고 약하고 힘없는 사람들에게 기댈 기둥이었고, 그들의 울분을 풀어 주기도 했어.

3·1운동 때에는 서울에서 학생들이 만세 부르는 걸 보고 함께 "대한독립만세"를 외치다가 일본 소방대원의 곡괭이에 맞아 쓰러졌지. 감방에 갇힌 이거두리는 주모자를 말해 주겠다며 서장을 보자고 우겼어. 서장을 만나자 "주모자는

하나님이고, 주소는 구만리 장천"이라고 말했지. 화가 난 서장 때문에 모진 고문을 당한 그가 똥오줌을 벽에 바르고 얼굴에 칠하자 일본인들은 미쳤다며 풀어 주었어.

고향인 전주로 내려오다가 다시 수원에서 만세를 불렀지. 경찰서에 잡혀가자 "내 가장 다정한 친구가 종로경찰서 장"이라고 말했어. 종로경찰서에 전화를 걸어 사실 여부를 확인했더니 미치광이라고 하는 거야. 그는 다시 감옥에서 풀려났지.

이거두리는 독립자금을 모아 독립군에게 전달한 애국자였어. 독립자금을 책보에 싸서 독립군에게 갖다 주라고 거지 대장을 보냈고, 여덟 살 손자에게 역 화장실에서 금은 보화가 든 보따리를 몰래 다른 걸로 바꿔오라고 시키기도 했지.

독립자금을 모을 때 이거두리에게 창을 배우던 기생들도 힘을 보탰어. 비녀와 반지까지 아낌없이 내놓았거든.

나무꾼이 들려주는 이거두리 장례식 이야기

거두리 참봉어른이 돌아가셨다는 소식을 듣는 순간 나도 모르게 눈물이 쏟아졌어. 가진 것도 재주도 없는 나무꾼인 내가 오늘날까지 굶어 죽지 않고 살아남은 건 모두 참봉어른 덕분이었으니까.

내가 사는 곳은 전주 근교에 있는 소양이야. 나는 해가 뜨자마자 지게를 지고 산에 오르곤 해. 나무를 해서 팔아야 먹고 사니까 말이야. 점심으로 싸간 꽁보리밥을 먹는 잠깐을 빼고는 온 산을 헤집고 다니며 큰 나무 짐을 만들지.

산에서 내려와 부지런히 걸어도 시장이 있는 전주 남문에 도착하면 해가 거의 넘어갈락 말락 하거든. 서둘러 나무 짐을 내려놓고 그때부터 살 사람을 기다리는 거야. 살 사람이 바로 나타나면 다행이지만 그렇지 않으면 걱정이 태산이지. 생각해 봐. 이 무거운 나무 짐을 지고 집까지 갈 수도 없고 그렇다고 어디 맡길 데도 없잖아. 이럴 때면 우리 나무꾼들은 이거두리 참봉어른을 찾아가지.

참봉어른은 우리를 전주에 사는 부잣집으로 데려가곤 했어. 대문에 들어서자마자 부엌에 대고 찬밥 남은 것 끓이라고 소리치고는, 우리더러 마당 빈 곳에 나무를 쌓으라고 말했지. 그리고는 집주인 방 창호지 문에 손을 들이밀었어. 주인이 돈을 쥐여 주면 금액을 확인하고, 부족하다 싶으면 다시 손을 내밀었지. 결국 나뭇값을 제대로 받은 다음에야 큰소리로 얼마 받았다고 외친 뒤, 돈을 나누어 주었어.

시간이 늦어 한밤중이나 새벽에 집으로 가야 할 때도 있거든. 참봉어른은 추운데 빈속으로 가면 얼어 죽는다며 꼭 콩나물국밥이나 뚝배기 한 대접을 먹여 보냈어. 그 뜨끈한 국물이 참봉어른의 따뜻한 마음 같아서 얼마나 든든하고 기운이 났는지 몰라. 그 고마움을 하나도 갚지 못했는데 참봉어른이 돌아가셨다니…….

나는 서둘러 장례식장으로 갔어. 이미 수많은 사람이 몰려와 슬프게 울고 있더라고. 마치 부모나 형제가 죽은 것처

럼 말이야. 아마 저들도 이거두리 참봉어른에게 옷을 얻어
입고 밥을 얻어먹었던 사람들이겠지.

조문객들은 신작로에 가득했고 지게꾼, 거지들은 상여
를 매며 뜨거운 눈물을 쏟았어. 상여 뒤를 따르는 깃발은
끝이 없었고 행렬은 십 리까지 이어졌지. 장지에서도 자갈
하나라도 참봉어른 무덤에 들어가면 안 된다며 삽을 쓰지
않고 손으로 흙을 파서 봉분을 만들었어.

이거두리 이야기, 전주 미래유산 지정

전주시에서는 전주 미래유산으로 '매곡교와 싸전다리 뚝방길,
이거두리 이야기'를 미래유산으로 지정했어.

미래유산은 근현대 전주를 배경으로 시민들의 기억에 남아 있
는 사건이나 인물, 이야기가 담긴 유·무형 자산 등을 보전·활용하
고 미래세대에 전달하기 위해 시민들이 지정하는 문화재를 말해.

매곡교와 싸전다리를 잇는 뚝방길은 남부시장 상인들과 장을
보러 온 사람들로 늘 붐볐고, 전주의 3·1운동이 일어난 곳이기도
해. 이거두리는 다리 밑으로 모여드는 가난한 사람들과 거지들에
게 먹을 것과 입을 것을 나눠 주었고 평생 어려운 이들을 돕고 살
았어. 또 거지 대장을 보내 독립운동 자금을 보내기도 했지.

전주
JEONJU

월드컵경기장

전주
월드컵경기장

한지

한지박물관

전주 대사습놀이

전주비빔밥

한벽당

풍남문

만경강

▲ 모악산

백석지

백석지

건지산

진공원

전주풍패지관

전주풍패지관

전주

경기전
풍남문 한옥마을
전동 성당 한벽당
청연루 전주향교

동고산성

전주역

전주역

전주향교

덕진공원

전주 한옥마을

경기전

고덕산

동고산성

청연루

전동성당

(출처·국토지리정보원)

왜 천천히 읽기를 해야 하는가?

'천천히 읽는 책'은 그동안 역사, 과학, 문학, 교육, 지리, 예술, 인물, 여행을 비롯해 다양한 주제와 소재를 다양한 방식으로 펴냈습니다. 왜 천천히 읽자고 하는지 궁금해하는 독자들이 있어서 몇 가지를 밝혀 둡니다.

- '천천히 읽는 책'은 말 그대로 독서 운동에서 '천천히 읽기'를 살리자는 마음을 담았습니다. 천천히 읽기는 '천천히 넓고 깊게 생각하면서 길게 읽자'는 독서 운동입니다.

- 독서 초기에는 쉽고 가벼운 책을 재미있게 읽을 수 있는 방법으로 시작해야겠지요. 그러나 독서에 계속 취미를 붙이기 위해서는 그 단계를 넘어서 책을 깊이 있게 긴 숨으로 읽는 즐거움을 느낄 수 있어야 합니다. 그래야 문해력이 발달합니다.

- 문해력이 발달하는 인지 발달 단계는 대체로 10세에서 15세 사이에 시작합니다. 음식을 천천히 씹으면서 맛을 음미하듯이 조금 어려운 책을 천천히 되씹어 읽으면서 지식을 넘어 새로운 지혜를 깨달을 수 있습니다.

- 독서 방법에는 다독, 정독, 심독이 있습니다. 천천히 읽기는 정독과 심독에서 꼭 필요한 독서 방법입니다. 빨리 많이 읽기는 지식을 엉성하게 쌓아 두기에 그칩니다. 지식을 내 것으로 소화하기 위해서는 정독이 필요하고, 지식을 넘어 지혜로 만들기 위해서는 심독이 필요합니다.

- 어린이들한테는 쉽고 가볍고 알록달록한 책만 주어야 한다고 생각하는 어른들이 있습니다. 그러나 독서력이 높은 아이들은 어렵고 딱딱한 책도 독서력이 낮은 어른들보다 잘 읽습니다. 그런 기쁨을 충족하지 못할 때 반대로 문해력도 발달하지 못하면서 책과 멀어지게 됩니다.

'천천히 읽는 책'은 독서력을 어느 정도 갖춘 10세 이상 어린이부터 청소년과 어른까지 읽는 책들입니다. 어린이, 청소년과 어른들(교사와 학부모)이 함께 천천히 읽으면서 이야기를 나눌 수 있는 읽기 자료가 되기를 바라는 마음에서 만들고 있습니다.